선생님들을 위한
영진닷컴이 알려주는
햄스터
가이드북

엔트리로 시작하는
로봇 활용 SW 교육
햄스터

김황, 한승륜, 이상경 공저

엔트리와 햄스터로 시작하는

★ 나의 첫 프로그래밍 ★

x좌표를 10 만큼 바꾸기

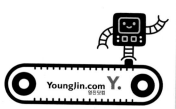
YoungJin.com Y.
영진닷컴

엔트리로 시작하는
로봇 활용 SW 교육
햄스터

ISBN 978-89-314-5939-5

독자님의 의견을 받습니다
이 책을 구입한 독자님은 영진닷컴의 가장 중요한 비평가이자 조언가입니다. 저희 책의 장점과 문제점이 무엇인지, 어떤 책이 출판되기를 바라는지, 책을 더욱 알차게 꾸밀 수 있는 아이디어가 있으면 팩스나 이메일, 또는 우편으로 연락주시기 바랍니다. 의견을 주실 때에는 책 제목 및 독자님의 성함과 연락처(전화번호나 이메일)를 꼭 남겨 주시기 바랍니다. 독자님의 의견에 대해 바로 답변을 드리고, 또 독자님의 의견을 다음 책에 충분히 반영하도록 늘 노력하겠습니다.

파본이나 잘못된 도서는 구입하신 곳에서 교환해 드립니다.

이메일 : support@youngjin.com
주　소 : 서울시 금천구 가산디지털2로 123 월드메르디앙벤처센터2차 10층 1016호 (우)08505
등　록 : 2007. 4. 27. 제16-4189호

STAFF
저자 김황, 한승륜, 이상경 | **진행** 김태경 | **기획** 정소현 | **디자인** 임정원 | **편집** 진정희 | **인쇄** 서정바인텍
제작 황장협 | **영업** 박준용, 임용수 | **마케팅** 이승희, 김다혜, 김근주, 조민영

엔트리로 시작하는
로봇 활용 SW 교육
햄스터

김황, 한승륜, 이상경 공저

YoungJin.com
영진닷컴
Y.

+ 머리말 +

자신의 생각을 프로그램으로 만들고 로봇과 같은 물체를 제어하여 움직이게 한다는 것은 매우 매력적이며 흥미 있는 일입니다. 과거에는 이러한 작업은 매우 고차원적이며 전문적인 지식이 필요하다는 생각이 지배적이었습니다. 그러나 최근 기술이 발달하면서 유치원 아이들도 손쉽게 프로그래밍을 하고 동작을 제어할 수 있는 프로그래밍 언어나 로봇 교구가 많이 등장하였습니다.

하지만, 이러한 언어와 도구를 이용하여 로봇을 프로그래밍하는 대부분의 사례를 보면 기본적인 몇 가지 동작 중심의 활용에 그치는 경우가 많습니다. 작성된 프로그램을 살펴봐도 효율성이나 논리성을 추구하기보다는 동작하는 것 자체에 만족하고 멈추는 경우가 많습니다. 이러한 교육을 받은 학생들에게 새로운 문제 상황을 제시하였을 경우에는 문제 상황 자체를 파악하지 못하고 대부분 포기하는 경우를 쉽게 볼 수 있습니다.

결국, 아무리 접근하기 쉬운 언어나 도구가 등장하더라도 그것을 활용하기 위해서는 먼저 어떻게 동작시킬 것인가에 대한 깊은 사고를 바탕으로 알고리즘을 작성하고, 그 알고리즘을 구현하기 위한 프로그래밍 과정이 단계적으로 이루어져야 한다는 것입니다. 이때 필요한 사고 과정이 바로 컴퓨팅 사고(Computational Thinking)입니다.

이 책에서는 엔트리라는 프로그래밍 도구를 이용하여 햄스터라는 로봇을 동작시키기 위한 프로그래밍 과정에서 컴퓨팅 사고를 활성화시킬 수 있는 방법을 문제 정의와 문제 해결 단계로 나누어 예시와 함께 제시하고 있습니다.

먼저, 기초적인 로봇의 동작을 위해서 우리가 사전에 관찰을 통해서 수집하고 분석해야 하는 것은 무엇이며, 그 분석을 통해 나온 여러 가지 해결 방안을 추상화하여 문제 해결에 꼭 필요한 문제를 정의하는 과정을 통해서 사고를 정리합니다. 다음으로 문제 해결을 위한 분석과 알고리즘 작성 및 프로그래밍을 통해 구현하는 일련의 과정을 통해서 로봇 프로그래밍 활동에 컴퓨팅 사고가 어떻게 적용될 수 있는지 제시하고 있습니다.

아울러, 본 책에서는 SW 교육에 적용되는 여러 가지 방법에 엔트리와 햄스터 로봇을 활용할 수 있는 실제적인 아이디어도 함께 제시하고 있습니다. 특히, 햄스터 로봇을 통한 STEAM 교육 사례는 로봇이라는 도구가 다양한 영역의 교과 수업과 연결되어 학생들의 융합적 사고력을 신장시킬 수 있을 것인가에 대한 아이디어를 제시하고 있습니다.

이 책은 단순하게 로봇에 명령을 내려서 움직이게 하면서 재미를 추구하기보다는, 이러한 과정에서 컴퓨팅 사고를 어떻게 활성화할 수 있을 것인가에 대해 궁금하거나, 프로그래밍과 로봇을 SW 교육에 어떻게 접목시킬 것인가 등에 대하여 고민하는 분들께 많은 도움을 드릴 수 있을 것으로 생각합니다.

MACHINE PARTS

+ 저자소개 +

······ 김황 ······

현재 마지초등학교에서 재직 중이며, 다양한 ICT 활용 교육 및 컴퓨팅 사고력 신장을 위한 SW 교육에 관심을 가지고 활동하고 있습니다. 천재 교과서에서 개발한 초등학교 실과 교과서 및 한국과학창의재단에서 개발한 생각 쏙쏙 소프트웨어 등을 집필하였습니다. 또한, 교육부 SW 교육 선도 교원 연수교재 집필 및 원격연수 개발, 한국교육학술정보원 로봇 활용 SW 교육 연수 교재 개발, 한국과학창의재단 SW 교육 핵심 교원용 원격 연수 개발 및 티쳐빌 연수원을 통해 엔트리와 함께하는 SW 교육 원격 연수 운영 등 SW 교육 저변 확대를 위한 다양한 연구 활동을 주도하고 있습니다.

······ 이상경 ······

광주교육대학교 초등컴퓨터교육과를 졸업하였으며 동 대학원 초등수학교육과 석사 과정을 수료하였습니다. 현재 광주광역시에 소재하는 도산초등학교에서 재직 중입니다. 현직 초등 교사로서 다가오는 제4차 산업 혁명에 발맞춰 학생들이 꼭 가져야 할 역량을 길러줄 수 있는 미래 교육에 큰 관심을 갖고 SW 교육, 로봇 교육, 정보 수학 분야에서 교원 연수 출강, 교재 집필 등 다양한 교육 활동을 하고 있습니다.

······ 한승륜 ······

현재 광주용산초등학교에서 재직 중이며, 교직 초임부터 로봇을 활용한 교육 활동에 관심을 가지고 학생 동아리 지도, 발명 대회 참여 등 다양한 활동을 해왔습니다. 미래 교육 차원에서 학교 현장에 맞는 컴퓨터 교육의 방향을 찾기 위해 현재는 컴퓨터 교육 전공으로 석사 과정 중에 있습니다. 컴퓨팅 사고를 기르기 위한 교수 학습 설계, 로봇을 활용한 SW 교육에 대해 꾸준히 연구하고 있으며, 지역 교원 연수, SW 교육과 관련한 다양한 교재 집필 등 다양한 분야에서 활동하고 있습니다.

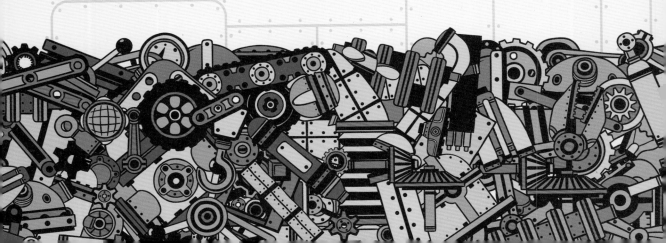

이 책의 차례

이 책의 차례

CHAPTER 02. 햄스터 로봇과 함께하는 SW 교육 점프 업!!

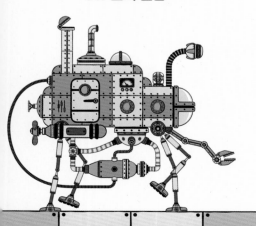

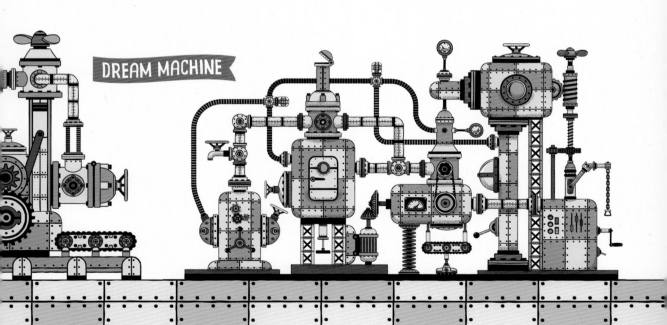

엔트리 햄스터

CHAPTER
01

햄스터 로봇을 활용한
컴퓨팅 사고력 신장 SW 교육 방법

SW 교육의 필요성에 대한 이해를 바탕으로 엔트리와 햄스터를 활용한 SW 교육 방법에 대해 소개합니다. SECTION 01에서는 SW 교육의 의미와 함께 컴퓨팅 사고력을 신장시킬 수 있는 로봇 활용 SW 교육 방법에 대해 알아봅니다. SECTION 02에서는 햄스터 로봇과 엔트리를 활용하는 기초적인 방법과 햄스터 로봇을 활용한 다양한 SW 교육 방법에 대해 설명합니다.

SW 교육 왜,
어떻게 해야 하나?

SECTION

01

01 시대의 변화와 소프트웨어

(1) 소프트웨어와 우리 생활의 변화

'소프트웨어'라고 하면 우리는 컴퓨터 속 프로그램, 스마트폰 속 애플리케이션 등을 주로 떠올립니다. 하지만 조금 더 생각해보면 우리 주변은 소프트웨어로 가득합니다. 신호등, 엘리베이터, 센서등, 화장실 자동 물내림 기능까지 소프트웨어는 우리 생활 곳곳에서 발견할 수 있습니다.

세상이 빠르게 변화해가고 있고 이제는 일상적이고 당연한 것처럼 느껴지는 일들이 몇 년 전에는 상상할 수도 없는 일이었습니다. 가정용 프린터는 30여 년 전 처음 등장했고, 충전식 버스 카드는 15년, 네비게이션은 10년 전에 등장했습니다. 스마트폰이 지금처럼 보편화된 것도 불과 5년밖에 되지 않았죠. 그리고 이러한 변화의 중심에는 소프트웨어가 있었습니다.

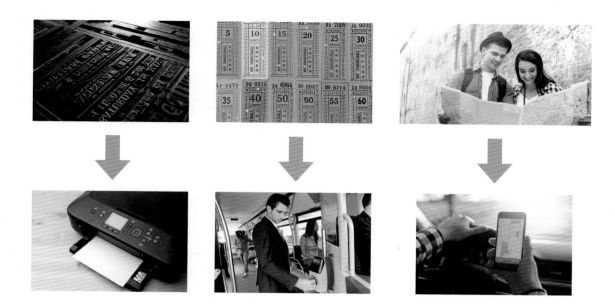

최근 스마트폰, 웨어러블 기기, 사물인터넷(IoT), 빅데이터 등의 발달로 소프트웨어는 더욱 우리 생활 깊숙이 다가왔습니다. 이제 우리는 TV, 청소기, 에어컨과 같은 가전제품에서는 물론, 숟가락, 칫솔, 소파, 책상, 변기에서도 소프트웨어를 만날 수 있습니다. 더 나아가 이제 소프트웨어는 사람이 일일이 명령하지 않아도 패턴을 분석해 필요한 데이터들을 쌓고, 스스로 필요할 때를 알고 동작하며, 사람과의 소통뿐만 아니라 사물들끼리의 소통을 가능하게 하고 있습니다.

세상은 우리가 생각하는 것보다 더 빠른 속도로 변화하고 있습니다. 하늘을 나는 자동차, 투명 망토, 움직이는 신문 등 SF영화에서나 등장할 것 같은 기술들도 이미 연구가 실용화 단계까지 이르렀습니다. 기술적으로는 개발이 완료되었으나 경제적, 윤리적, 사회적 측면의 문제들로 아직 상용화를 거치지 못했을 뿐입니다. 이러한 미래 기술의 가장 핵심 부분을 차지하는 것 또한 소프트웨어입니다.

[출처] https://youtu.be/PD83dqSfC0Y

(2) SW와 직업의 미래

소프트웨어는 사람을 대신해 단순 반복 작업을 빠르고 정확하게 해줌으로써 우리 생활을 편리하게 만들었을 뿐만 아니라 산업의 비약적인 발전을 가져왔습니다. 그러나 소프트웨어가 발전하면서 인간만이 가능하다고 여겼던 영역까지 침범하기 시작했습니다. 2016년 이세돌과 알파고의 대결로 인해 소프트웨어에 대한 관심과 함께, 소프트웨어에게 인간의 일자리를 모두 빼앗기는 것이 아닌가 하는 우려의 목소리도 커지고 있습니다.

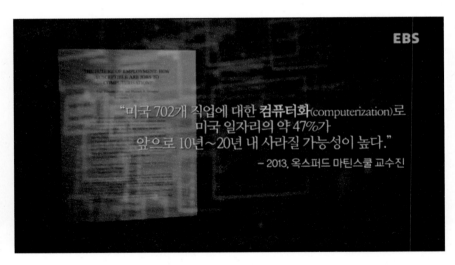

[출처] https://youtu.be/jiqOZdcJXN4

앞으로 10년 후면 현재 직업의 절반 정도가 사라진다고 전망됩니다. 지금은 많은 사람들에게 좋은 직업으로 꼽히고 있는 회계사, 의사, 변호사, 교사와 같은 일들도 위험합니다. 하지만 너무 걱정할 필요는 없습니다. 사라지는 직업보다 훨씬 더 많은 새로운 직업들이 생겨나고 있기 때문입니다. 그렇다면 어떤 직업들이 사라지고 어떤 직업들이 새로 생겨날까요?

그중 3D 프린터의 발달은 제조업에 혁신을 가져오고 있습니다. 지금은 한 제품을 위해 수많은 디자인이 개발되고, 그중 단 몇 개의 디자인만이 선택되어 대량 생산되는 산업 구조입니다. 그러나 3D 프린터가 상용화되면 '제품'이 아닌 '디자인'을 사고파는 시대가 오게 될 것입니다. 수많은 디자인들이 버려지지 않고 소비자가 선택할 수 있도록 시장에 나오며, 소비자는 원하는 디자인과 재료를 선택하여 가까운 곳에 있는 3D 프린터로 프린팅할 수 있습니다. 또 소비자가 디자이너와 직접 연결되어 자신만을 위한 디자인을 요청하게 되며, 어떤 소비자는 스스로 3D 디자인을 하기도 할 것입니다. 이렇게 대량 생산 체제가 바뀌게 되면 디자이너, 홍보 마케팅, 제조업 종사자들이 하는 일들이 지금과는 크게 달라질 것입니다. 즉, 3D 프린터의 발달로 인해 현존하는 많은 직업들이 사라지고, 새로운 직업들이 생겨나는 것입니다.

이렇게 개인화되어 생산된 제품은 로봇에 의해 조립되고 포장됩니다. 백스터(Baxter) 로봇은 운반, 포장과 같이 인간이 할 수 있는 많은 단순 노동을 대신해주는 로봇입니다. 백스터의 가격은 약 2천만 원으로 한 사람의 1년 연봉 수준밖에 되지 않습니다. 백스터의 특별한 점은 몸체 곳곳에 여러 센서를 가지고 있어 인간과 같은 장소에서 일해도 위험하지 않게 설계되었습니다. 이는 인간과 협업을 할 수 있다는 큰 의미가 있습니다. 또한 백스터는 계속해서 새로운 일을 배워서 할 수 있습니다. 특별히 교육받은 사람이 아니라, 일반인들도 누구나 쉽게 새로운 일을 가르치고 일을 시킬 수 있습니다. 이처럼 로봇은 더 정교해지고 저렴해지며 인간이 해오던 단순 반복 노동을 대체하게 될 것입니다. 더불어 이러한 로봇들을 가르치고 관리하는 직업들은 새로 생겨날 것입니다. 이제는 로봇과 협업하는 방법에 대해 고민해봐야 할 때입니다.

 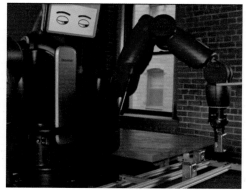

[출처] https://en.wikipedia.org/wiki/Baxter_(robot)

인터넷으로 주문이 들어오면 키바(KIVA) 로봇은 수많은 제품들이 쌓여있는 물류 창고에서 주문받은 제품을 재빨리 찾아 배송대로 옮깁니다. 아마존 물류 창고에서 일하고 있는 키바 로봇들은 서로를 탐지할 수 있어 부딪치지 않고 대형 창고에서 빠르고 정확하게 주문받은 물건을 가지고 옵니다. 주문부터 배송 준비까지 단 15분이면 충분합니다. 수천 평의 물류 창고에 사람은 한 명도 필요 없게 되었으니, 수백 명이 일자리가 사라진 것이죠. 그러나 키바 로봇들이 원하는 주문받은 제품을 잘 찾아오게 하기 위해서는 창고의 물건들을 어떻게 더 체계적이고 효율적으로 정리할지 계획해야 하며, 그에 따라 키바 로봇들이 어떻게 움직이게 할지도 계획해야 합니다. 조금이라도 실수를 하면 그 큰 물류 창고에 쌓인 물건들이 도미노처럼 쓰러지게 될 것입니다. 즉, 이러한 일들을 계획하고 검증하는 직업들이 새로 생겨났다고 할 수 있습니다.

이렇게 배송대에 올라온 제품은 드론을 통해 소비자의 집 앞까지 배달됩니다. 한가득 물건을 싣고 달리는 대형 트럭을 대신해 작은 드론이 주문받은 장소로 즉시 물건을 배달하는 것입니다. 물류업계에 큰 변화가 생길 것입니다. 수많은 배송 기사들이 직업을 잃게 되겠죠. 그러나 이것이 상용화되기 위해서는 아직 많은 과제들이 남아있습니다. 드론끼리 부딪치지 않도록 해야 하고, 원거리 배송일 경우 배터리가 부족하면 중간에 충전소에도 들러야 할 것입니다. 또, 이렇게 수많은 드론이 하늘에 떠 있는 것이 보안이나 사생활 침해의 문제는 없는지도 검토해야 합니다. 결국, 이것과 관련된 수많은 직업들이 생겨날 것입니다.

[출처] https://assets.bwbx.io/images/users/iqjWHBFdfxlU/
iccEWtR1dill/v3/-1x-1.jpg

[출처] http://i.vimeocdn.com/video/456767303_1280x720.jpg

구글에서는 무인 자동차의 상용화 목표를 최대 2020년으로 잡고 있습니다. 이미 2009년부터 주행을 시작한 무인 자동차는 초기에 비하여 비약적으로 진화하고 있습니다. 무인 자동차 시대가 오면, 걱정과는 달리 현재의 교통사고의 97%가 줄어든다고 합니다. 무인 자동차가 상용화되면 사라질 직업은 무엇일까요? 각종 운전기사들, 자동차 보험, 면허 관련 직업 종사자, 교통경찰까지 꼬리에 꼬리를 물고 다양한 직업들에 영향을 미칠 것입니다. 이렇게 운전과 관련된 단순한 직업들이 사라질 수도 있겠지만, 무인 자동차를 만들고, 자동으로 운전할 수 있는 인공지능 프로그램을 개발하며, 외부의 환경을 인식하여 자율 주행을 도와줄 수 있는 센서를 개발하는 등의 새로운 직업들이 생겨날 것입니다.

[출처] http://www.itworld.co.kr/news/92226

소프트웨어는 인간만이 가능한 영역이라고 생각했던 전문직, 연구직까지 위협하고 있습니다. 인공지능 컴퓨터는 스스로 학습할 수 있는 능력을 갖추고 있기 때문에 다양한 전문 영역에까지 손을 뻗치고 있습니다. 회계사, 변호사와 같은 직업은 전문성을 가진 사람들만이 할 수 있는 일로 여겨지지만, 이러한 직업이 하는 일 중 큰 부분은 수많은 자료를 분석하고 정해진 규칙과 확률에 따라 새로운 자료를 재해석하는 일입니다. 그리고 그것은 컴퓨터가 가장 잘 할 수 있는 일 중 하나입니다. 실제로 인공지능 컴퓨터 '왓슨'은 암 치료에 관해 의료전문가보다도 두 배가량 높은 수준으로 정확한 의사결정을 해냅니다. 의사들은 인공지능과 대적하는 것이 아니라 협업을 통해 더 많은 사람들을 더 안전하게 치료합니다.

다음은 2000년부터 2013년까지 세계 10대 브랜드를 보여주고 있습니다. 2010년 즈음 급격한 변화를 볼 수 있는데, 애플과 구글이 1, 2위로 우뚝 서게 되었다는 것입니다. 나머지 기업들도 살펴보면 소프트웨어 관련 브랜드이거나 소프트웨어와 잘 융합한 브랜드입니다.

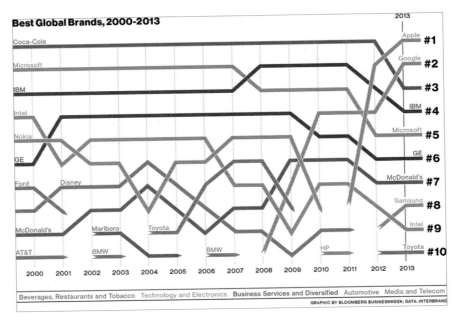

[출처] http://www.bloomberg.com/news/articles/2013-10-03/the-most-valuable-brands-in-america-2000-to-2013

그렇다면 20년 후에는 어떤 직업들이 살아남고, 어떤 직업들이 새로 생겨날까요? 소프트웨어와 로봇이 대체할 수 있는 직업들은 차차 사라지게 될 것입니다. 그렇다고 소프트웨어와 로봇을 배척할 수는 없습니다. 과학자, 경영자, 의료 종사자, 예술가 등 모든 직업에서 소프트웨어는 뗄 수 없는 관계가 되어가고 있습니다. 우리는 이러한 변화를 인식하고 소프트웨어와 싸우려고 하기보다는 잘 협업할 수 있는 방법을 고민해야 합니다. 인간만이 할 수 있는 창의적인 일을 소프트웨어와의 융합을 통해 시너지를 내는 일이 미래에도 살아남거나 새로 생겨나는 직업이 아닐까요?

⟨02⟩ SW 교육의 필요성과 목적

(1) 시대 변화에 따라 변화하는 요구 역량

글로벌 경제의 저성장 기조와 생산성 하락으로 새로운 성장동력이 필요한 가운데, 주요국들이 산업경쟁력 강화 전략을 추진하면서 '4차 산업혁명'이 촉발되고 있습니다. 4차 산업혁명은 3차 산업혁명을 기반으로 한 디지털, 생물학, 물리학 등의 경계가 없어지고 융합되는 기술 혁명을 의미합니다.

제 1차 산업혁명	제 2차 산업혁명	제 3차 산업혁명	제 4차 산업혁명
18세기	19~20세기 초	20세기 후반	2015년~
증기기관 기반의 기계화 혁명	전기 에너지 기반의 대량생산 혁명	컴퓨터와 인터넷기반의 지식정보 혁명	IoT/CPS/인공지능 기반의 만물초지능 혁명
증기기관을 활용하여 영국의 섬유공업이 거대산업화	공장에 전력이 보급 되어 벨트 컨베이어를 사용한 대량생산보급	인터넷과 스마트 혁명으로 미국주도의 글로벌 IT기업 부상	사람, 사물, 공간을 초연결·초지능화 하여 산업구조 사회 시스템 혁신

〈그래픽=송유미 미술기자〉

[출처] http://www.newspim.com/news/view/20160102000009

4차 산업혁명에서는 3D 프린팅, 사물인터넷(IoT), 바이오 공학 등이 부상하며, 이들 주요 기술이 융합되어 새로운 기술을 창출할 것으로 내다봅니다. 물리학적 기술에서는 무인 운송수단, 3D 프린팅, 로봇 공학 등, 디지털 기술에서는 사물인터넷(IoT), 빅데이터 등, 생물학적 기술에서는 유전 공학 등이 부상할 것으로 예상합니다. 특히, 3D 프린팅과 유전공학이 결합하여 생체조직 프린팅이 발명되고, 물리학적, 생물학적 기술이 사이버 물리 시스템으로 연결되면서 새로운 부가가치를 창출할 것이란 전망입니다.

4차 산업혁명에서 새롭게 등장하는 기술의 기반이 되는 것이 소프트웨어입니다. 이렇게 소프트웨어가 혁신과 성장, 가치 창출의 중심이 되고, 개인·기업·국가의 경쟁력을 좌우하는 사회를 소프트웨어 중심 사회라고 합니다. 19세기 산업혁명 때, 도시로 이주해 온 노동자가 일하는 데 필요한 역량은 '읽고, 쓰고, 셈하기(3R)'였습니다. '국어', '수학'은 그렇게 학교로 들어왔습니다. 그러나 시대의 변화에 따라 사람들에게 요구되는 역량도 달라지게 됩니다. 아래 21세기에 요구되는 역량에 따르면, 창의력과 혁신 능력, 비판적 사고력, 문제 해결력, 의사결정 능력 등 컴퓨터가 대체하기 어려운 사고의 방식이 요구되는 것을 볼 수 있습니다. 또한, 일의 도구로서 정보 소양, 정보통신기술 소양 등 소프트웨어와 관련된 도구를 다루는 능력이 강조되고 있습니다. 이러한 역량들은 기존에 학교에서 배우는 과목들로는 충분하게 기를 수 없기 때문에 새로운 교육의 필요성이 대두되는 것입니다.

〈ATC21S(Assessment and Teaching of Twenty-First Century Skills Project)〉

사고의 방식(Ways of Thinking)	1. 창의력과 혁신 능력
	2. 비판적 사고력, 문제 해결력, 의사결정 능력
	3. 학습을 위한 학습 능력(Learning to learn), 상위인지력
일의 방식 (Ways of Working)	4. 의사소통 능력
	5. 협업 능력(collaboration/teamwork)
일의 도구 (Tools for Working)	6. 정보 소양(Information literacy)
	7. 정보통신기술 소양(ICT Literacy)
삶의 세계 (Living in the World)	8. 지역 및 세계 시민 의식(Citizenship-local and global)
	9. 직업 진로 의식(Life and career)
	10. 개인적, 사회적 책무성(Personal & social responsibitiry)

(2) 해외의 SW 교육 사례

세계적으로 2000년대는 ICT(정보통신기술) 활용 교육이 주를 이루었습니다. 이는 정보통신기술을 활용한 상업적 도구와 서비스를 사용하는 방법을 교육하는 것이었습니다. 하지만 최근에는 사용자(User) 교육에서 창조자·생산자(Maker) 교육으로 급변하는 추세를 보여주고 있습니다. 이를 통해 자신의 아이디어를 설계하고 융합하고 구현해 낼 수 있는 능력을 기르고자 하고 프로그래밍·코딩과 컴퓨팅 사고 교육을 통해 실현하려 하고 있습니다.

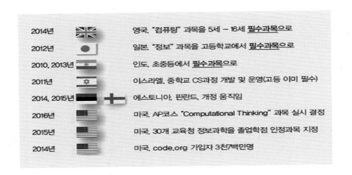

[출처] http://edzine.kedi.re.kr/autumn/2014/article/special_02.jsp

영국은 2014년 9월부터 '컴퓨팅' 과목을 만 5세에서 16세 학생들에게 필수 과목으로 교육하고, 일본은 2012년부터 '정보' 과목을 고등학교에서 필수 과목으로 이수하도록 하고 있습니다. 인도는 2010년 이후 초·중등학교에서 컴퓨터 과학을 필수 과목으로 정하고 있고, 이스라엘은 2011년 중학교에서 컴퓨터 과학 과정을 개발하여 운영하고 있습니다. 에스토니아는 수학, 과학 등의 과목과 연계하여 프로그래밍·코딩 교육을 시도하고 있으며 핀란드는 2016년 가을 학기부터 초등학교에서 프로그래밍·코딩 교육을 시작하기로 했습니다.

이외에 프랑스는 2016년 9월부터 소프트웨어를 중학교 정규 과목으로 가르치도록 교육 과정을 개편하였고, 미국의 워싱턴주를 비롯하여 4개 주는 제2외국어 대신해 코딩 수업을 선택할 수 있도록 교육 시스템을 개정했거나 추진 중입니다.

이처럼 전 세계의 여러 나라들은 변화하는 시대에 대비하기 위하여 국가적으로 SW 교육을 시작하고 있다는 것을 알 수 있습니다.

(3) SW 교육의 개념과 목적

SW 교육을 지칭하는 용어는 국가마다 약간의 차이가 있으나, 대체로 컴퓨터 교육, 컴퓨터 과학 교육, 알고리즘 교육, 프로그래밍 교육, 코딩 교육, 정보과학(Informatics) 교육이라는 용어와 혼용되고 있습니다. 이렇게 다른 이름의 교육들이 궁극으로 추구하는 바는 모두 '컴퓨팅 사고력'의 신장입니다.

SW 교육은 컴퓨팅 사고력을 신장시키는 것을 목적으로 합니다. 컴퓨팅 사고력을 기반으로 문제를 해결하는 역량을 기르기 위한 교육이며, 프로그램 개발을 위한 일련의 과정을 포함합니다.

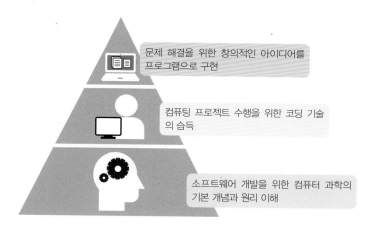

문제 해결을 위한 창의적인 아이디어를 프로그램으로 구현

컴퓨팅 프로젝트 수행을 위한 코딩 기술의 습득

소프트웨어 개발을 위한 컴퓨터 과학의 기본 개념과 원리 이해

〈SW 교육의 성격〉

우리나라도 2018년부터는 중학교 1학년부터 SW 교육을 정보 교과 시간에 전 학생들이 수업을 받게 되었고, 초등학교는 2019년부터 5~6학년 학생들이 실과 시간에 17시간 이상의 교육을 받도록 의무화되었습니다.

03 로봇 활용 SW 교육

(1) 로봇 활용 SW 교육의 필요성

학교에서 많이 활용하는 SW 교육 방법에는 언플러그드 활동, 교육용 프로그래밍 활동, 피지컬 컴퓨팅 활동, 로봇 활용 SW 교육 활동 등이 있습니다. 이 중에서 최근 들어 많은 관심과 주목을 받고 있는 분야가 바로 로봇 활용 SW 교육 활동입니다.

로봇을 활용한 SW 교육의 장점을 살펴보면 다음과 같습니다. 로봇을 활용한 SW 교육을 하게 되었을 때 Fagin(2001) 등은 설계-코딩-실행-재설계의 피드백 과정이 매우 빠르게 진행되었을 뿐만 아니라, 학생들이 이 과정을 즐겁게 받아들이기 때문에 로봇을 사용하지 않은 경우와 많은 차이가 나타난다고 하였습니다[1].

Flowers와 Gossett(2002)는 학생들이 자신의 알고리즘이 물리적 실체로 실행되는 것을 보며 학습 동기와 이해, 2가지 측면에서 매우 큰 성과가 있다고 하였습니다[2]. 이좌택(2004)은 문제 해결을 위한 체계적이고 논리적인 접근을 요구하게 되어 문제 해결력이 향상되고, 학생들 간의 또는 교사와 학생 간의 상호작용을 활발하게 해준다고 하였습니다[3]. 유인환(2013)은 초급 프로그래밍 과정에서 로봇의 활용이 몰입에 미치는 영향을 탐구하였는데 실험 결과 몰입의 하위 요소인 선행, 경험, 효과 요소 모두 유의미하게 높게 나타남을 관찰하였습니다[4].

결론적으로 로봇의 활용은 몰입이 발생하도록 하는 전제 조건으로 작용하고, 이에 따라 경험 요소가 높아지며 학습자가 느끼는 내재적 보상이 특히 크다고 하였습니다. 정인기(2013)는 프로그래밍 교육에 로봇을 활용하면 학생들의 몰입도를 높일 수 있을 뿐만 아니라 프로그램이 눈으로 볼 수 있는 형태로 동작하기 때문에 프로그래밍에 대한 이해도를 높일 수 있는 장점도 있다고 하였습니다[5].

학생들이 로봇을 활용했을 때 교육에 몰입하게 되는 이유는 몇 가지가 있습니다.

첫째, 로봇은 움직입니다. 움직인다는 것은 LED에 불을 켜거나 소리를 내는 것과는 다릅니다. 학생들은 움직인다는 것만으로도 큰 관심을 갖고 몰입을 하게 됩니다. 하지만 로봇의 움직임만으로는 몰입도가 오래 유지되지 않습니다.

둘째, 로봇은 살아있는 생명체로 생각하기가 쉽습니다. 연필에 이름을 붙이거나 지우개와 대화를 나누면 이상하게 보이지만, 로봇의 이름을 불러주거나 이야기를 하는 것은 자연스럽게 보입니다. 실제로 선생님들이나 다른 어른에게 하지 못하는 이야기를 로봇에게 하는 경우가 많아서 심리 치료에 로봇을 사용하기도 합니다. 아이들과 로봇 간의 이러한 교감은 상당히 중요한데, SW 교육에 로봇을 활용하기에 앞서 아이들이 로봇과 친해지는 시간을 갖는 것은 매우 의미가 있다고 할 수 있습니다. 학생들이 자신의 로봇에게 이름을 붙여주고 예쁘게 꾸미는 활동을 먼저 함으로써 친밀감을 높이고 애정을 가지며 아기를 다루듯이 행동을 하나하나 가르쳐 주는 방식으로 교육을 하면 감성 발달에도 도움이 되고 오랜 시간 동안 교육을 해도 지루함을 모르게 됩니다. 이러한 현상은 어린아이들일수록, 그리고 여학생들에게 많이 관찰됩니다.

셋째, 학생들이 몰입하게 되는 가장 큰 이유는 이상하게 들리겠지만 될 듯하면서도 안 되기 때문입니다. 이좌택(2004)은 학습자가 원하는 대로 로봇이 제어되지 않는 경우 프로그래밍 단계를 재분석하고 오류를 검토하고 수정하는 등 끊임없이 인지체계를 재조정하게 됨으로써 교육 효과가 있다고 하였습니다[6]. 앞서 설명한 바와 같이 로봇은 컴퓨터 그래픽과는 달라서 생각한 것과 다르게 움직이는 경우가 많습니다.

실제 로봇을 우리가 예상한 대로 움직이게 하려면 상당히 복잡하고 어려운 기술들이 필요합니다. 그러면 이렇게 어려운 로봇을 학생들의 교육에 어떻게 활용할 수 있을까요? 너무 걱정하지 않아도 됩니다. 실제 로봇을 단순화시키고 사용하기 쉽게 만든 교육용 로봇이 있기 때문입니다.

(2) 로봇 활용 교육과 로봇 활용 SW 교육

1) 로봇 활용 SW 교육의 개념

최근 SW 교육이 이루어지는 현장에서 로봇 활용 교육과 로봇 활용 SW 교육 용어가 많이 혼재되어 사용되고 있습니다. 그러나 2가지 용어는 교육의 목적에 따라 큰 차이가 있습니다.

먼저 로봇 교육은 로봇의 작동 원리를 파악하거나, 로봇을 제작하기 위한 기계적 요소, 전자적 요소 등의 학습을 바탕으로 작동하기 위한 로봇을 제작하고, 생활 속에서 로봇이 어떻게 활용될까 등에 대해 살펴보고 알아보는 교육이 이루어집니다. 이는 로봇 그 자체가 교육의 목적이며 교육을 통해 로봇을 알아가는 것이 중요한 활동입니다.

로봇 활용 SW 교육은 로봇 활용 교육 방법 중의 1가지입니다. 여기에서 로봇 활용 교육은 다른 교과 교육이나 학습 활동에서 추구하는 학습 내용 요소를 학습하기 위한 도구로서 로봇을 활용하는 교육을 말합니다. 즉, 학습 목표를 달성하기 위하여 로봇을 보조적인 수단으로 활용하는 교육 활동을 말합니다.

로봇 활용 SW 교육은 로봇을 활용하여 SW 교육에서 추구하는 문제 해결 절차를 경험하거나 알고리즘의 구성 요소에 맞게 교육용 프로그래밍 도구를 활용하여 프로그램을 작성하고 로봇의 동작을 구현하는 활동이 이루어집니다. 이를 통해 SW 교육에서 학습해야 하는 컴퓨터 과학의 개념, 기능, 컴퓨팅 사고력 등을 로봇을 이용하여 더 쉽고, 재미있게 학습하도록 하는 것이 주요 목적인 활동입니다.

교사들은 로봇을 활용한 수업을 할 때 목적이 로봇 교육에 있는지, 아니면 로봇을 활용한 SW 교육에 있는지를 명확하게 구분한 뒤 사전에 학습 활동을 설계하는 것이 필요하다는 사실을 인지해야 합니다.

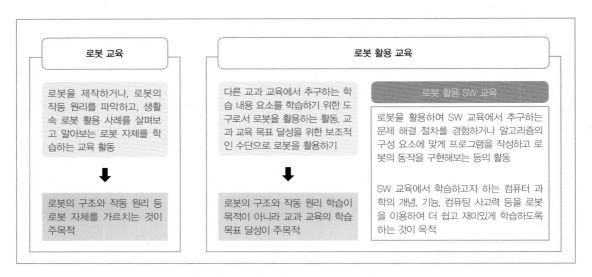

〈로봇 교육, 로봇 활용 교육, 로봇 활용 SW 교육의 차이점〉

2) 로봇 활용 SW 교육 시 주의 사항

로봇을 활용하여 SW 교육을 할 때 고려해야 할 사항들을 살펴보면 다음과 같습니다.

첫째, 동력전달 메커니즘이나 센서와 액추에이터의 구동 원리 중심 교육이 되면 안 됩니다. 로봇 활용 SW 교육과 로봇 교육은 구분이 되어야 합니다. 로봇 활용 SW 교육에서 로봇은 학생들의 몰입도 지속을 위한 도구로 사용되어야 합니다. 문제를 정의하고 문제를 해결하려는 방법을 찾는 과정에서 필요에 따라 로봇의 기능적인 부분에 대한 일부 지식을 설명해 줄 수는 있습니다. 하지만 로봇을 설명하는 데 치중해서 원래의 교육 목표를 잊어버리면 안 됩니다.

둘째, 하드웨어 창작은 줄이는 것이 좋습니다. 로봇 활용 SW 교육에서는 문제를 해결하기 위한 관찰과 자료 수집, 알고리즘 작성 및 프로그래밍 등 해야 할 것이 상당히 많습니다. 특히 SW 교육은 문제 해결 절차를 학습하는 것이 중요하기 때문에 학습 시간을 이것에 집중할 필요가 있습니다. 만약, 하드웨어의 창작이 필요하면 하드웨어 제작 시간을 따로 두거나 소프트웨어 수업 전에 미리 조립하여 수업을 시작하는 것이 좋습니다.

셋째, 문제를 정의하거나 해결하는 과정에서도 관찰이 중요합니다. 로봇을 활용하여 SW 교육을 할 때는 반드시 로봇에 포함된 모든 센서의 현재 값들을 실시간으로 관측할 필요가 있습니다. PC 등의 컴퓨팅 장치와 로봇은 유선이든 무선이든 통신으로 연결되어 있어야 하며 주기적으로 데이터를 얻을 수 있어야 합니다. 로봇은 움직임이 있기 때문에 무선이면 더 좋습니다. 유선인 경우에도 가능하지만, 로봇에 선이 달린 경우 로봇의 움직임에 영향을 줄 수도 있다는 것은 알고 있어야 합니다.

넷째, 로봇과 연동되어 활용할 수 있는 소프트웨어 도구가 많아야 합니다. 하나의 수업에서 다양한 소프트웨어 도구를 활용하지는 않지만, 학교마다, 가르치는 선생님마다 선호하는 소프트웨어 도구는 다를 수 있습니다. 또한 학년에 따라 활용하는 소프트웨어 도구를 바꿔야 하는 경우도 있습니다. 따라서 지금 당장은 하나의 소프트웨어 도구만 사용하더라도 향후 다양한 소프트웨어 도구를 연결하여 사용할 수 있는 교육용 로봇을 선택하는 것이 좋습니다.

로봇 활용 SW 교육과 컴퓨팅 사고력

(1) 컴퓨팅 사고력의 개념과 중요성[7]

1) 컴퓨팅 사고력의 등장

컴퓨팅 사고력에 관한 연구는 미국 MIT의 S. Papert 교수가 1980년대에 그의 저서에서 절차적 사고라는 용어를 사용한 이후, 2006년 미국 카네기멜론 대학의 Wing 교수의 연구에 의해 컴퓨팅 사고력(Computational Thinking, CT)[8]이라는 용어가 재조명되면서 컴퓨터 교육 현장에서 이슈화되기 시작하였습니다. 이후 수많은 학자와 다양한 단체에서 컴퓨팅 사고력의 정의를 내리고 그 속성을 규명하기 위한 연구를 진행하였습니다.

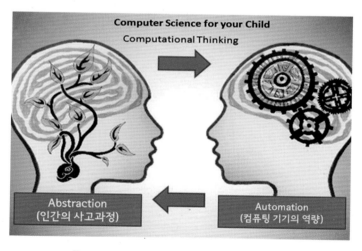

〈Computational Thinking의 2가지 'A' (Wing, 2006; 2008)〉

2) 컴퓨팅 사고력의 개념

컴퓨팅 사고력(computational thinking)이란 컴퓨터 과학의 기본 개념과 원리 컴퓨팅 시스템을 활용하여 실생활과 다양한 학문 분야의 문제를 이해하고 창의적으로 해법을 구현하여 적용할 수 있는 능력을 뜻합니다. 간단히 말해서, 문제 해결에 컴퓨터를 활용하는 역량입니다.

단순히 컴퓨터의 작동 방법이나 응용 소프트웨어의 사용 방법을 아는 것, 혹은 프로그래밍 방법을 안다고 해서 컴퓨팅 사고력을 갖추었다고는 할 수 없습니다. 컴퓨팅 사고력은 해결해야 할 문제를 정의하는 것에서부터 문제 해결을 위한 모델과 알고리즘을 설계하고 프로그래밍하여 결과를 해석하는 전 과정에 필요한 역량입니다.

컴퓨팅 사고력의 다양한 연구와 정의는 관련 분야에 대한 발전을 야기하기도 했지만, 동시에 혼란을 초래하기도 했으며, 이를 교육 현장에 적용하기 위해서는 통일된 시각으로 바라볼 수 있는 정립된 개념이 필요하다는 요구가 생겨나기 시작했습니다. 이에 국제교육공학협회(ISTE)와 컴퓨터과학교사회(CSTA)에서는 초·중등 교육(K-12)에 컴퓨팅 사고력을 효과적으로 적용할 수 있는 기반을 마련하고자, 컴퓨터 과학 교사, 연구자 및 관련 참여자들의 검토 결과를 취합하여, 컴퓨팅 사고력의 통일성 있는 조작적 정의와 교육적 적용 방안을 명확화하였습니다.

이들이 제시한 컴퓨팅 사고력의 조작적 정의(ISTE & CSTA, 2011)[9]는 다음과 같은 특징을 갖는 문제 해결 절차로 설명하고 있습니다.

- 문제 해결을 위해 컴퓨터나 도구를 사용할 수 있도록 문제를 표현하기
- 논리적으로 자료를 조직하고 분석하기
- 모델이나 시뮬레이션 등의 추상화를 통해 자료를 표현하기
- 알고리즘 사고와 같은 일련의 절차를 통해 해결책을 자동화하기
- 가장 효율적이고 효과적인 절차와 자원을 조합하여 목표를 달성하는 데 필요한 해결책을 확인하고, 분석하고, 구현하기
- 이러한 문제 해결 절차를 다양한 문제로 일반화하고 적용하기

또한 컴퓨팅 사고력에서 위와 같은 역량들은 다음과 같은 성향이나 태도를 지원하고 신장시킨다고 설명하고 있습니다.

- 복잡한 문제를 다루는 데 있어서의 자신감
- 어려운 문제를 다루는 인내력
- 모호성에 대한 허용
- 답이 정해지지 않은 개방형 문제를 다룰 수 있는 능력
- 공동의 목표나 해결책을 달성하기 위해서 다른 사람과 의사소통하고 일할 수 있는 능력

3) 컴퓨팅 사고력의 중요성

컴퓨팅 사고력은 이제 컴퓨터 과학 전공 분야의 영역 특수적인 역량이 아니라 21세기를 살아가는 사람이라면 누구나가 갖추어야 할 필수 역량입니다. 과거 컴퓨팅 사고력은 컴퓨터 과학을 전공하는 사람들만이 갖추어야 하는 역량이었습니다. 그러나 컴퓨터의 변화로 인해 삶이 더욱 편리해지고 일 처리 속도가 향상되면서 많은 사람들이 컴퓨터를 활용하는 역량을 필요로 하게 되었습니다. 이 시기에는 컴퓨터의 사용 방법, 컴퓨터에 설치된 응용 소프트웨어의 활용 방법을 익히는 ICT 활용 능력이 대중들에게 요구되는 능력이었습니다. 이후 스마트 기기와 무선 네트워크의 발달은 사회 발달 속도를 격하게 변화시켰고, 컴퓨터는 일상생활뿐만 아니라 다양한 학문 분야의 문제 해결에 깊이 관여하게 되었습니다. 사람들은 ICT 활용 능력만으로는 자신이 해결해야 하는 문제 해결에 한계를 경험하게 되었고, 사회의 부가가치 창출이 소프트웨어의 개발에 집중되면서 대중들에게 요구되는 역량이 프로그래밍으로까지 확대되었습니다.

컴퓨팅 사고력은 컴퓨팅 도구를 활용하여 자신의 아이디어를 실현하는 데에 반드시 갖추어야 할 역량입니다. 과거에는 번뜩이는 아이디어가 떠올랐음에도 불구하고 실현하지 못한 채 하나의 아이디어로 사장되었던 반면, 지금은 그 아이디어를 컴퓨팅 사고력을 바탕으로 구현할 수 있습니다. 버스 앱을 만들었던 유주완 군의 사례는 대표적인 사례입니다. 무작정 버스를 기다리는 것이 시간 낭비라고 생각했고 버스가 언제 도착하는지에 대한 정확한 정보를 확인할 수 있다면 이 문제를 해결할 수 있다고 판단했습니다. 그는 모든 버스에 달려있는 GPS의 위치값을 수집하고 분석하여 버스가 언제쯤 정류장에 도착할지에 대한 정보를 제공하는 앱을 개발하였습니다.

컴퓨팅 사고력은 해결해야 할 문제를 보다 효율이고 효과적으로 해결하도록 합니다. 컴퓨팅 사고력은 사람의 사고가 갖는 한계를 극복할 수 있도록 컴퓨터가 가진 능력을 활용하는 전반에 걸쳐 기반이 되는 역량입니다. 한 사람이 할 수 있으나 시간이 매우 오래 걸리거나 반복되는 문제, 정확성을 요구하는 문제의 해결을 빠르고 정확하게 수행하도록 돕습니다. 예를 들어, 많은 양의 내용을 한 번에 기억하기 어렵지만, 컴퓨터는 원하는 기간만큼 원하는 내용을 모두 저장할 수 있습니다. 사람은 기록한 내용을 찾을 때 시간이 오래 걸리지만, 컴퓨터의 검색은 빠르고 정확합니다.

여러 국가들이 앞 다투어 SW 교육을 지지하고 있는 가장 큰 이유는 정보 사회를 살아가는 민주 시민을 위한 필수 교육이라 판단하기 때문입니다.

이를 이해하기 위해서 간단한 예를 들어보겠습니다. '증기기관'의 발명을 통해 산업 혁명이 이루어진 19세기 후반은 농경 사회가 산업 사회로 변화하는 기반이 되었습니다. 많은 공장들이 만들어지고, 공장에서는 생산성을 증배하기 한 노력들이 기울여졌으며, 공장 노동자조차도 정확한 재단이나 무게의 측정, 간단한 계산 등 정량 사고가 필요하게 되었습니다. 이를 위해 학교에서는 수학, 과학 교과목을 필수로 가르치게 되었는데, 이는 '증기기관'이 만들어 낸 '산업혁명'이 '교육'을 바꾼 사례로 볼 수 있습니다.

20세기를 거치면서 '컴퓨터와 인터넷'의 발명은 정보 사회로의 변화를 유도하였습니다. 정보 사회를 살아가는 사람들은 컴퓨터와 같은 정보 기기 및 시스템으로 둘러싸인 세상에 살아가게 되었습니다. 따라서 간단한 일상생활을 영위하기 위해서도 컴퓨터를 이용하여 문제를 해결할 것을 강요받는 세상에 노출되고 있다는 것입니다. 즉, 정보 사회의 시민들은 컴퓨터를 이용해서 문제를 해결해야 하는 상황에 직면하고 있습니다. 결국 컴퓨팅 사고를 잘하는 사람이 정보기기 및 시스템을 활용한 문제 해결을 잘하는 사람이고, 이러한 사람이 정보 사회의 다양한 문제들을 보다 잘 해결하는 사람이 되고 있습니다.

정보 사회에서 발생하는 문제들은 농경사회, 산업사회의 그것과는 다릅니다. 가장 다른 점은 '복잡함'에 있습니다. '복잡한 문제'는 한 번에 해결할 수 없으므로 '문제의 분해'를 통해 '작은 문제로 분할'해야 합니다. 이렇게 분할된 문제들을 해결하는 방법들을 모두 모아 '일련의 절차로 구성된 방법'을 만들면 아무리 복잡한 문제도 쉽게 해결되는 법입니다.

이때 복잡한 문제를 어떻게 분할하는 지에 따라, 다양한 해결 방법이 존재할 수 있습니다. 또한 이러한 해결 방법들은 어떠한 경우라도 절차적으로 표현 가능하므로, 그 절차를 분석하는 것이 가능합니다. 그 분석의 결과가 각 해결 방법들이 갖는 효율이라고 할 수 있습니다.

컴퓨팅 사고력이 필요하고 중요한 이유는 우리 사회가 정보기기 및 시스템을 이용하여 해결해야만 하는 다양한 '복잡한 문제'로 둘러싸여 있기 때문이며, 이는 지금보다 앞으로 더할 것이 자명하기 때문입니다. 이때, 우리와 우리의 학생들에게 필요한 능력이 컴퓨터를 문제 해결의 도구로써 활용하기 위해 필요한 '절차적 사고'이며, 이것이 '컴퓨팅 사고의 핵심'입니다.

(2) 컴퓨팅 사고력의 구성 요소

Wing(2008)은 컴퓨팅 사고력을 크게 추상화(Abstraction)와 자동화(Automation)로 구분하였습니다[10]. 추상화는 실제 세계의 문제를 해결 가능한 형태로 표현하기 위한 사고 과정이고, 자동화는 추상화 과정을 통해 만들어진 해결 모델을 컴퓨터가 이해할 수 있는 프로그래밍 언어로 표현하여 인간이 처리하기 어려운 많은 양의 반복된 작업이나 시뮬레이션을 하는 것입니다.

국제교육공학협회(ISTE)와 컴퓨터과학교사회(CSTA)에서는 컴퓨팅 사고력의 조작적 정의를 내리면서 그 세부 요소를 자료 수집, 자료 분석, 자료 표현, 문제 분해, 추상화, 알고리즘과 절차, 자동화, 시뮬레이션, 병렬화의 9가지 요소로 제시하였습니다[11].

〈컴퓨팅 사고력의 9가지 구성 요소(ISTE & CSTA, 2011)〉

구성 요소	정의
자료 수집(Data Collection)	적절한 자료를 수집하는 과정
자료 분석(Data Analysis)	자료의 의미를 이해하고, 패턴을 찾으며, 결론을 도출함
자료 표현(Data Representation)	자료를 적절한 그래프, 차트, 글, 그림 등으로 도식화하고 조직화
문제 분해(Problem Decomposition)	문제를 해결 가능한 수준의 작은 문제로 나눔
추상화(Abstraction)	문제 해결을 위해 필요한 핵심 요소를 파악하고, 복잡함을 단순화함
알고리즘 및 절차 (Algorithms & Procedures)	문제를 해결하거나 어떤 결과를 이루기 위해 일련의 절차화된 순서를 밟음
자동화(Automation)	반복적이고 지루한 작업을 실행하기 위해 컴퓨터나 기계를 활용함
시뮬레이션(Simulation)	• 하나의 절차를 표현하거나 모델화함 • 시뮬레이션은 모델을 활용한 실험을 실행하는 것을 포함
병렬화(Parallelization)	공통의 목표에 도달하기 위해 과업들을 동시에 실행하도록 자원을 조직함

여기서 유의할 점은 Wing이 제시한 컴퓨팅 사고력을 구분할 때 사용하였던 추상화와 컴퓨팅 사고력 구성 요소에 포함된 추상화를 구별해야 한다는 점입니다. 위에서 분류한 추상화는 인간이 문제 해결을 위해 사고하는 과정 전반을 의미하지만, 세부 구성 요소에 포함되는 추상화는 문제 해결에 필요한 핵심 요소를 선정하고 복잡함을 줄이는 단계라는 점에서 의미상의 차이가 있고, 자동화 또한 마찬가지입니다. 큰 의미로 컴퓨팅 시스템이 갖는 능력을 의미하는 자동화와는 달리 세부 구성 요소의 자동화는 컴퓨터나 정보 기기가 이해할 수 있는 언어로 해결 방법을 표현하는 것을 의미합니다.

최근 구글(Google for Education)에서도 컴퓨팅 사고력의 구성 요소에 대해서 제시하고 있는데, 패턴 인식과 패턴 일반화라는 요소를 추가하여, 조금 더 구체적으로 기술하고 있습니다[12]. 다음은 연구자별 컴퓨팅 사고력의 구성 요소입니다.

〈연구자별 컴퓨팅 사고력의 구성 요소〉

Wing (2008)	CSTA & ISTE(2011)	Google for Education(2015)
추상화 (Abstraction)	자료 수집(Data Collection)	
	자료 분석(Data Analysis)	자료 분석(Data Analysis)
		패턴 인식(Pattern Recognition)
	자료 제시(Data Representation)	
	문제 분해 (Problem Decomposition)	분해 (Decomposition)
	추상화(Abstraction)	추상화(Abstraction)
		패턴 일반화(Pattern Generalization)
	알고리즘 및 절차 (Algorithm and Procedures)	알고리즘 디자인 (Algorithm Design)
자동화 (Automation)	자동화(Automation)	
	병렬화(Parallelization)	
	시뮬레이션(Simulation)	

MIT 스크래치 팀에서는 스크래치를 활용한 상호작용적 산출물을 제작하는 과정에서 어린 나이의 학습자들을 대상으로 인터뷰 및 관찰을 통한 연구를 진행[13]하였고, 이를 토대로 개념(Concepts), 실행(Practices), 관점(Perspectives)의 측면에서 컴퓨팅 사고력을 해석하였습니다. 이는 교육 과정에서 교육 목표를 분류하는 지식, 기능, 태도 또는 인지적, 정의적, 심동적 관점과도 연결 지을 수 있다는 점에서 매우 유용한 접근 관점이라고 할 수 있습니다.

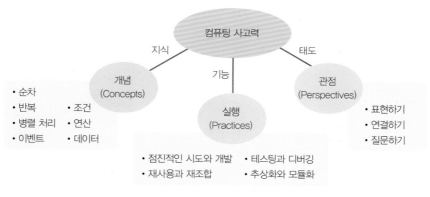

〈MIT 스크래치 팀에서 바라본 컴퓨팅 사고력 Framework〉

이를 구체적으로 살펴보면, 개념(concepts) 영역에서는 학습자들이 컴퓨팅을 학습하고, 개발하는 과정에서 이해해야 할 지식이나 개념에 관한 내용으로 순차(sequences), 반복(loops), 조건(conditionals), 병렬 처리(parallelism), 연산(operators), 이벤트(events), 데이터(data) 등과 같이 여러 프로그래밍 언어에서 공통적인 컴퓨팅 개념들을 제시하고 있습니다.

실행(practices) 영역에서는 학습자들이 컴퓨팅에 관해 사고하고 학습하며 행동하는 과정에 초점을 맞추고 있으며, 점진적인 시도와 반복적 개발(being incremental and iterative), 재사용과 재조합(reusing and remixing), 테스팅과 디버깅(testing and debugging), 추상화와 모듈화(abstracting and modularizing) 등과 같은 내용을 제시하고 있습니다.

마지막으로 관점(perspectives) 영역에서는 컴퓨팅에 관한 학습을 통해 학습자들의 관점이 어떻게 변화하는지를 설명하는 내용으로 표현하기(expressing), 연결하기(connecting), 질문하기(questioning) 등을 제시하고 있습니다. 여기서 표현하기란 컴퓨팅이라는 관점에서 나의 주변의 것들을 묘사하거나 바라본다는 것을 의미하며, 연결하기란 다른 사람들과 함께 또는 다른 사람들을 위해 컴퓨팅 산출물을 창작하는 것을 의미합니다. 또한 질문하기는 주변의 문제나 사물, 현상 등에 대해 컴퓨팅을 활용한 관점에서 질문하고 의문을 가지려는 것을 의미합니다.

영국의 CAS에서는 컴퓨팅 사고력이 단순히 컴퓨터처럼 생각하는 것을 의미하는 것이 아니라, 다음과 같은 개념과 접근을 포함하고 있다고 설명하고 있습니다[14].

《CAS의 컴퓨팅 사고력에 대한 개념 및 접근》

이를 구체적으로 살펴보면 컴퓨팅 사고력 개념으로 컴퓨터 과학의 기초를 이루고 있는 개념인 논리(logic), 알고리즘(algorithms), 분해(decomposition), 패턴(patterns), 추상화(abstraction), 평가(evaluation) 등을 제시하고 있습니다.

또한 컴퓨팅 사고력에 대한 접근으로 시도하기(tinkering), 창작하기(creating), 디버깅(debugging), 계속 도전하기(persevering), 협업하기(collaborating)를 제시하고 있습니다.

(3) 로봇 활용 SW 교육과 컴퓨팅 사고력

로봇 활용 SW 교육 선도교사 연수에서 제시한 광운대학교 박광현 교수님의 의견을 통해 컴퓨팅 사고력 신장을 위한 로봇 활용 SW 교육 방법을 살펴보면 다음과 같습니다. 컴퓨팅 사고력의 정의는 우리가 이미 알고 있는 단어를 사용하여 표현할 수 있는데, 다음과 같이 '컴퓨팅 사고'를 요약하고, '컴퓨팅 사고력'은 이를 수행할 수 있는 능력으로 생각할 수 있습니다.

> 컴퓨팅 사고 = 컴퓨터의 계산 능력을 활용한 문제 해결 과정

여기서 '해결'보다 중요한 것은 '문제'이고, '문제'보다 중요한 것은 '과정'입니다. '해결'이라는 것은 성취감을 느낌으로써 다음 학습 단계에 대한 동기가 유발될 수 있다는 측면에서 중요합니다. 하지만, '문제'가 정확하게 정의되어 있지 않은 상태에서 '해결'이라는 것은 존재할 수 없습니다. 또한, 문제를 정확하게 정의할 수 있다는 것은 문제 영역을 이해하고 분석할 수 있으며 표현할 수 있다는 것이기 때문에 학습자가 반드시 갖추어야 할 능력입니다. 이러한 중요성 때문에 '컴퓨팅 사고력의 구성 요소'에서도 많은 부분이 '문제'와 관련이 있습니다.

Denning(2009) 등 여러 연구자들의 연구에서 살펴볼 수 있듯이 이와 같은 '컴퓨팅 사고력의 구성 요소'는 컴퓨팅 사고력만의 독특한 특성이라 할 수는 없습니다[15]. 앞서 요약한 '컴퓨터의 계산 능력을 활용한 문제 해결 과정'에서 '컴퓨터의 계산 능력을 활용한'이라는 부분을 제외하면 과학이나 공학 분야에서의 '문제 해결 과정'과 크게 다르지 않습니다. 하지만, 그렇다고 단순히 컴퓨터의 계산 능력을 활용한 것뿐이라고 할 수도 없습니다. 관점을 바꾸어서 '문제 해결 과정'을 습득하는 것이 교육 목표라고 했을 때 '컴퓨터의 계산 능력'이라는 학습 도구가 이러한 교육 목표를 달성하는 데 얼마나 효과적이고 효율적인지를 살펴보아야 할 것입니다. 흔히 학생들이 '아는 문제인데 틀렸다'라고 하는 경우가 있습니다. 하지만 이것은 알고 있다고 착각하는 것일 뿐 정말로 알고 있는 것이 아닙니다.

따라서 자신이 정말로 알고 있는지 빠르게 파악하는 것이 중요합니다. 이를 위해 숙제를 하거나 퀴즈 문제를 풀거나 시험을 치게 되는데, 이러한 피드백이 빈번하게 일어날수록 자신의 이해 수준에 대한 파악이 빨라집니다. '즉각적인 피드백'이라는 것은 학습 과정에서 중요한 요소 중 하나라고 할 수 있는데 컴퓨터의 계산 능력은 이를 가능하게 해줍니다. 문제 해결 과정은 수학, 과학, 공학 교육으로도 학습할 수가 있는데, 예를 들어 과학 실험을 통해 학습한다고 하면 실험 준비 절차부터 실제로 실험하는 시간 등을 따져 봤을 때 상당한 시간이 필요하게 됩니다. 컴퓨터의 계산 능력을 활용하면 즉각적인 피드백이 가능하기 때문에 보다 효과적이고 효율적이라고 할 수 있습니다.

하지만 이러한 즉각적인 피드백은 잘못 사용하였을 때 오히려 독이 될 수도 있습니다. 실제로 학생들의 수행 과정을 살펴보면, 예를 들어 검은색 선을 따라 로봇이 움직이게 한다고 했을 때, 바로 컴퓨터를 켜고 소프트웨어 도구를 실행시켜서 값을 입력합니다. 원하는 대로 로봇이 움직이지 않으면 이번에는 다른 값을 입력해 봅니다. 관찰하지도 않고 로봇이 왜 예상한 대로 움직이지 않는지 생각하지도 않습니다. 이리저리 값을 입력해 보다가 우연히 로봇이 잘 움직이면 그것으로 완료했다고 합니다.

즉각적인 피드백이 가능하다는 것은 분명 교육 효과와 효율 측면에서 장점이 많고 중요하지만, 관찰과 생각 없는 즉각적인 피드백은 학생들로 하여금 생각하지 않게 만들 수도 있습니다. 자신이 입력한 것에 대한 결과를 바로 알 수 있기에 시행착오를 통해 결과를 얻는 데에만 급급하게 됩니다. 생각하는 훈련을 한다는 것은 쉽지 않은 일입니다. 따라서 수업 설계를 잘 해야 하고 생각하는 습관을 기를 수 있도록 해야 합니다.

컴퓨팅 사고의 문제 해결 과정은 문제를 정의하는 과정과 해결하는 과정으로 크게 나눌 수 있습니다. 이것은 이러한 사고력을 키우기 위한 것이고, 저것은 저러한 사고력을 키우기 위한 것이라고 딱 잘라 얘기할 수 있는 것은 아니지만, 기존의 창의 컴퓨팅은 창의적 사고력을, STEAM 교육은 융합적 사고력을 증진시키는데 중점을 두고 있습니다. 컴퓨팅 사고를 중심으로 하는 SW 교육은 어디에 중점을 두고 있을까요? 보는 관점에 따라 다를 수 있지만, 비판적 사고력과 논리적 사고력이라고 할 수 있습니다. 문제 정의 과정은 비판적 사고력과 해결 과정은 논리적 사고력과 관계가 있습니다.

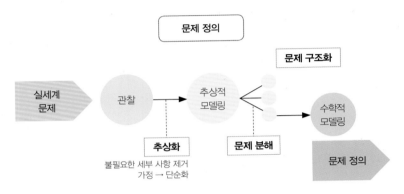

〈컴퓨팅 사고력 신장을 위한 로봇 활용 SW 교육 활동 중 문제 정의 과정〉

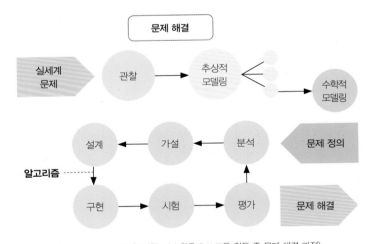

〈컴퓨팅 사고력 신장을 위한 로봇 활용 SW 교육 활동 중 문제 해결 과정〉

(4) 컴퓨팅 사고력 신장을 위한 로봇 활용 SW 교육 사례

앞에서 살펴본 컴퓨팅 사고력 신장을 위한 로봇 활용 SW 교육의 단계에 따른 활동 사례를 살펴보겠습니다. 활동 주제는 일정한 지점까지 햄스터 로봇 최단 거리로 이동시키기 활동입니다.

1) 일정한 지점까지 햄스터 로봇 최단 거리로 이동시키기

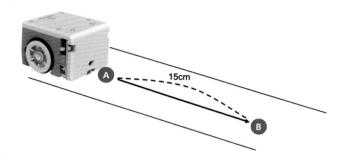

■ 문제를 정의하고 표현해봅시다.

햄스터 로봇이 한 지점에서 다른 지점까지 최단 거리로 이동하는 방법을 찾기 위해서는 한 지점에서 다른 지점까지 이동하는 로봇의 운동 과정을 관찰해 볼 필요가 있습니다. 동작이 시작되면 바퀴를 굴리며 속도가 있는 상태로 다양한 방향으로 이동하는 모습을 볼 수 있습니다.

햄스터 로봇이 최단 거리로 이동하는 문제를 해결하기 위해 필요한 부분을 관찰한 후 정리하여 문제를 정의할 필요가 있습니다.

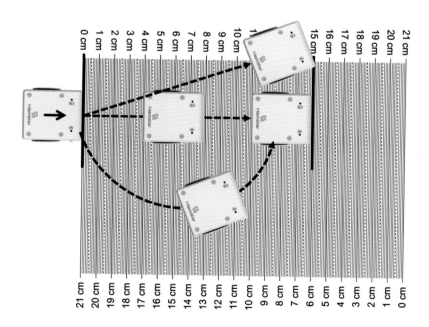

〈한 지점에서 다른 지점까지 이동하는 다양한 방법〉

- 로봇은 모터의 동작에 따라 직선이나 곡선, 대각선 등과 같이 이동 방향이 다양하다.
- 직선으로 이동하는 경우가 이동 거리가 가장 짧다.
- 이동 방향에 상관없이 로봇이 한 지점에서 다른 지점까지 정해진 거리를 이동할 때는 일정한 시간이 걸린다.
- 모터 속도가 빠르면 걸린 시간이 짧고, 모터 속도가 느리면 걸린 시간이 길다.

- 이동 거리는 직진(직선)으로 이동할 때 가장 짧다.
- 로봇은 모터가 작동한 시간만큼 이동한다.
- 모터 속도에 따라 걸린 시간이 달라진다.

관찰한 내용을 바탕으로 햄스터 로봇이 한 지점에서 다른 지점까지 이동하기 위해서는 직선으로 이동해야 하고, 모터가 작동한 시간만큼 이동하며, 모터 속도에 따라 걸린 시간이 달라진다는 것으로 정리할 수 있습니다.

문제를 정의하기 위해서는 문제를 조금 더 작게 나누어 구조화할 필요가 있는데 문제를 구조화하면 다음과 같습니다.

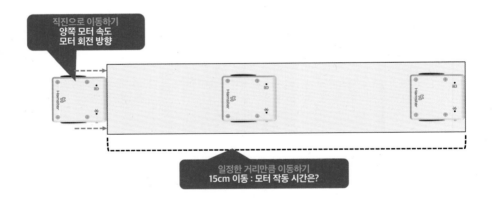

① 직진으로 이동하는데 필요한 모터의 속도와 회전 방향을 정한다.
② 15cm를 이동하기 위해 모터의 작동할 시간을 정한다.
③ 정해진 모터 속도로 일정한 시간만큼만 모터를 작동시켜 로봇을 이동시킨다.

이러한 관찰과 추상화, 문제 구조화를 바탕으로 정의한 문제는 다음과 같습니다.

> **직선 방향으로 정해진 시간만큼**
> **양쪽 모터를 동일한 힘으로 작동하여 이동시킨다.**

■ 문제 해결하기

앞에서 정의한 문제를 해결하기 위해서는 추가적인 관찰이 필요합니다. 먼저 로봇이 최단 거리로 한 지점에서 다른 지점까지 이동하는 문제를 해결하기 위해서 직진으로 1초 동안 모터를 작동하면 얼만큼 이동할 수 있는지를 알아봐야 합니다. 직진으로 1초 동안 이동하려면 로봇의 이동 속도와 방향, 일정 시간만큼 모터를 구동하기와 관련된 명령어를 살펴볼 필요가 있습니다. 모터의 속도를 동일하게 하고 방향은 (+)으로 한 상태에서 1초 동안 모터를 작동시키면 1초 동안 이동한 거리를 확인할 수 있습니다. 여기서는 햄스터 로봇의 이동 속도가 "30"인 상태에서 1초 동안 햄스터 로봇이 이동하는 거리를 분석합니다.

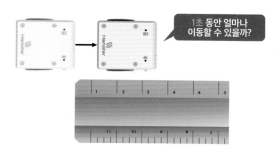

길이를 측정할 수 있는 활동지를 이용하여 양쪽 모터의 속도를 30으로 정하고 1초 동안 작동시키면 얼마나 이동하는지 관찰합니다. 작동 과정의 순서를 생각하며 프로그램으로 만들면 다음과 같습니다.

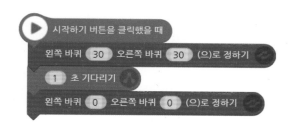

완성된 프로그램을 로봇에 적용하여 1초 동안 이동한 거리를 측정합니다. 그 후, 1초 동안 이동한 거리를 여러 번 측정한 후 1초 동안 이동하는 거리의 평균값을 기록해봅시다.

측정 횟수	이동 거리
1차	( )cm
2차	( )cm
3차	( )cm

햄스터 로봇마다 다르겠지만 여기서는 30의 모터 세기로 1초 동안 이동한 거리의 평균값을 3cm라고 가정하겠습니다. 로봇이 평균적으로 1초에 3cm를 이동할 수 있다고 한다면 15cm를 이동하기 위해서는 15cm ÷ 3cm = 5초라는 사실을 알 수 있습니다.

> 1초 : 3cm = ( )초 : 15cm
> 15cm ÷ 3cm = 5초

위의 결과를 통해 문제를 해결하기 위한 가설을 다음과 같이 세울 수 있습니다.

가설 설정	로봇이 한 지점에서 다음 지점까지 직선거리로 15cm를 이동하기 위해서는 30의 속도로 5초 동안 모터를 작동하면 될 것이다.

위와 같은 가설을 바탕으로 로봇의 동작을 구현하기 위해 알고리즘을 설계하고 프로그램을 다음과 같이 작성하여 구현을 통해 가설을 검증할 수 있습니다.

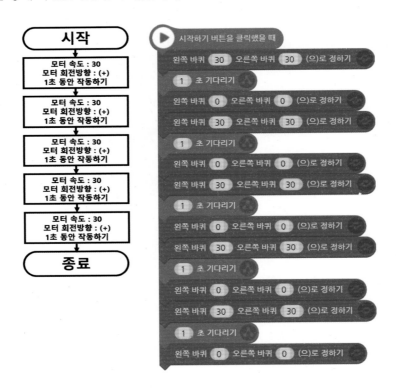

프로그램을 실행하여 가설을 검증하고 문제를 해결했다면 그 결과를 평가하면서 새롭게 문제를 분석하고 또 다른 프로그램으로 만들 수 있지 않을까를 고민하면서 문제 해결 과정을 반복할 수 있습니다.

여기에서는 ❷번과 같이 반복되는 부분을 찾아 반복 명령어를 사용하거나 ❸번처럼 이동 시간을 "5초"로 변경하여 프로그램을 완성시키도록 프로그램을 새롭게 설계하는 과정입니다.

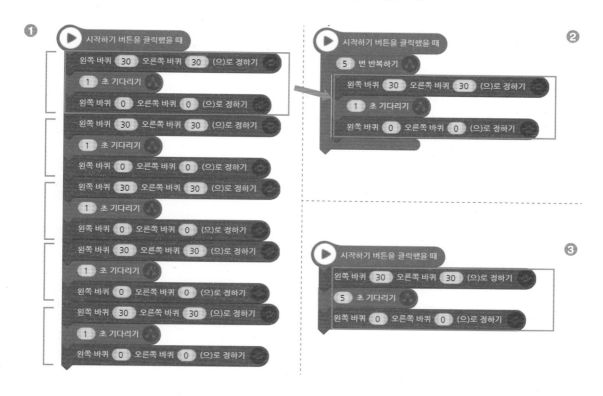

문제를 해결하는 과정에서 정해진 거리만큼 이동하기 위해서는 단위 시간(1초) 동안의 거리 값으로 나누는 연산이 필요하다는 것을 확인할 수 있습니다. 만약 이동할 거리가 20cm, 30cm, 40cm라면 어떻게 문제를 해결할 수 있을까요?

20cm	1초 : 3cm = ( )초 : 20cm 20cm ÷ 3cm = 6.66666…초
30cm	1초 : 3cm = ( )초 : 30cm 30cm ÷ 3cm = 10초
40cm	1초 : 3cm = ( )초 : 40cm 40cm ÷ 3cm = 13.33333…초

햄스터 로봇이 이동할 거리에 따라 정확하게 계산이 되는 경우도 있지만 나누어 떨어지지 않는 경우가 발생합니다. 이동할 거리만 주어지면 컴퓨터가 직접 계산하여 정확한 거리만큼 로봇이 이동할 수는 없을까요? 패턴을 찾아 알고리즘에 적용해봅니다.

> 1초 : 평균 거리cm = (　　)초 : 이동할 거리cm
> 이동할 거리cm ÷ 평균 거리cm = 이동 시간

패턴을 찾으면 이동 시간에 (이동할 거리 ÷ 평균 거리)로 명령을 추가하면 컴퓨터가 계산하여 로봇이 일정한 거리만큼 이동할 수 있습니다. 프로그램을 작동하여 실제 로봇이 문제를 해결하는지 시험하여 문제 해결 결과를 평가할 수 있습니다.

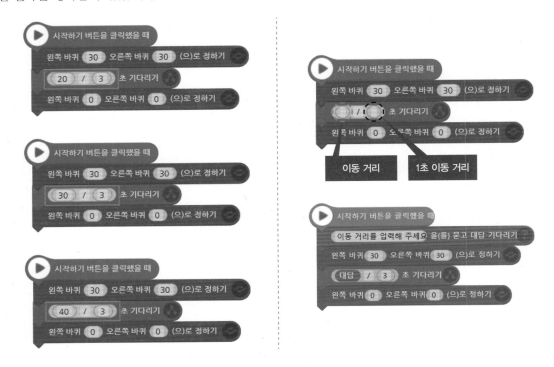

이렇게 문제를 정의하고 해결한 후 다시 문제를 분석하고 가설을 세워 설계하고 구현하는 등의 반복되는 과정을 통해 학생들은 컴퓨팅 사고력을 신장할 수 있게 됩니다.

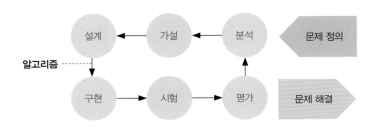

INDEX

1) Fagin (2001). Teaching computer science with robotics using Ada/Mindstorms 2.0. SIGAda.

2) Flowers and Gossett (2002). Teaching problem solving, computing, and information technology with robots. Journal of Computing Sciences in Colleges.

3) 이좌택 (2004). 문제기반학습에 대한 로봇 제어 프로그래밍 수업이 중학생의 논리적 사고력에 미치는 효과. 한국교원대학교대학원 교육학박사학위논문.

4) 유인환 (2013). 프로그래밍 초급과정에서 로봇의 활용이 몰입에 미치는 영향. 정보교육학회논문지.

5) 정인기 (2013). 프로그래밍 패턴에 기반한 효율적인 로봇 기초 프로그래밍 교육 방법에 관한 연구. 정보교육학회 논문지.

6) Institute for Personal Robots in Eucation (2009). Learning Computing with Robots.

7) 이좌택 (2004). 문제기반학습에 대한 로봇 제어 프로그래밍 수업이 중학생의 논리적 사고력에 미치는 효과. 한국교원대학교대학원 교육학박사학위논문.

8) 2016년 중등학교 SW 교육 선도교원 연수자료. KERIS.

9) Wing J. M. (2006). Computational thinking. Communication of the ACM, 49(3), 33-35.

10) ISTE & CSTA (2011). Computational Thinking Leadership Toolkit 1st edition. http://csta.acm.org/Curriculum/sub/CurrFiles/ 471.11CTLeadershiptToolkit-SP-vF.pdf

11) Wing, J. M. (2008). Computational Thinking and Thinking about Computing. Philosophical Transactions of the Royal Society A, 366, 3717-3725.

12) Google for Education. (2015). Exploring Computational Thinking. https://www.google.com/edu/resources/programs/exploring-computational-thinking/ index.html#!ct-overview

13) Brennan, K. & Resnick, M. (2012). New framework for studying and assessing the Development of Computational Thinking. Paper presented at annual American Educational Research Association meeting. Vancouver, BC, Canada.

14) Computing At School. (2014). https://barefootcas.org.uk/barefoot-primary-computing-resources/concepts/computational-thinking/

15) 한국과학창의재단 (2014). 초중등 단계 Computational Thinking 도입을 위한 기초 연구.

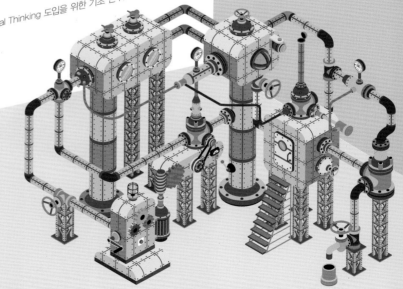

햄스터 로봇을 활용한 SW 교육 방법

SECTION 02

 01 햄스터 로봇 살펴보기

(1) 햄스터 로봇이란?

햄스터 로봇은 국내에서 생산된 약 4cm 큐브 모양의 미니 로봇입니다. 블루투스를 이용하여 무선으로 연결하여 프로그램을 통해 제어할 수 있습니다. 크기가 작아서 책상에 올려 두고 조작하기가 편리하며, 다양한 교육용 프로그래밍 언어를 지원할 뿐만 아니라, 노트북 및 안드로이드 운영체제가 설치된 스마트폰이나 패드를 이용하여 프로그램할 수도 있는 등 다양한 장점을 가진 로봇입니다.

〈햄스터 로봇 기본형〉 　　　　　　　　〈추가 확장 보드를 설치한 햄스터 로봇〉

〈햄스터 로봇용 미로판과 햄스터 로봇〉

(2) 햄스터 로봇에서 사용 가능한 프로그래밍 언어

햄스터 로봇을 많이 활용하는 이유는 다양한 프로그래밍 언어를 통해 햄스터 로봇을 제어하는 프로그램을 제작할 수 있기 때문입니다. 햄스터 로봇에서 활용 가능한 프로그램 중 블록형 교육용 프로그래밍 언어는 다음과 같습니다.

로봇 코딩 소프트웨어

- 로봇 코딩 SW를 설치하면 스크래치와 엔트리, 플레이봇, 자바스크립트를 사용할 수 있습니다.
- USB 동글의 디바이스 드라이버는 설치 파일에 포함되어 있으며, 설치 과정에서 디바이스 드라이버도 같이 설치됩니다.
- USB 동글을 PC에 연결하기 전에 로봇 코딩 소프트웨어를 먼저 설치해야 합니다.

스택

- 스마트폰 또는 태블릿에서 블록 코딩을 통해 햄스터 로봇을 움직일 수 있습니다.
- 블루투스 4.0 BLE로 햄스터 로봇과 통신하기 때문에 스마트폰/태블릿이 블루투스 4.0 BLE를 지원해야 하며 안드로이드 OS 버전이 4.3 젤리빈 이상이어야 합니다.
- 햄스터 로봇의 USB 동글을 스마트폰/태블릿에 연결하여 데이터를 주고받을 가능성이 발견되었기 때문에 다음에는 스마트폰/태블릿의 최소 요구 사항이 더 낮아질 수도 있습니다. (예: 안드로이드 3.1 허니컴 이상)
- 스마트폰 또는 태블릿과 햄스터 로봇을 연결하기 위해서는 스마트폰/태블릿에 로보이드 론처가 먼저 설치되어 있어야 합니다.

로보이드 스튜디오

- USB 동글의 디바이스 드라이버는 설치 파일에 포함되어 있으며, 설치 과정에서 디바이스 드라이버도 같이 설치됩니다.
- USB 동글을 PC에 연결하기 전에 로보이드 스튜디오를 먼저 설치해야 합니다.
- 2015년부터 판매된 햄스터 로봇에 맞추어져 있습니다.
- 이전의 햄스터 로봇(2010년 출시)을 위한 로보이드 스튜디오는 'http://www.roboidstudio.org'에서 내려받으세요.

이 외에도 다음과 같은 스크립트 방식의 언어와 고급 프로그래밍 언어를 사용할 수 있습니다. 관련된 자료는 '햄스터 스쿨(http://hamster.school)'에서 다운로드 받을 수 있습니다.

프로세싱

파이썬

자바

C

C++

안드로이드 라이브러리

(3) 햄스터 로봇의 구조

햄스터 로봇은 비록 작은 크기이지만 로봇 활용 SW 교육에 필요한 다양한 입출력 장치를 가지고 있습니다. 햄스터 로봇은 다음과 같은 생김새와 구조를 가지고 있습니다.

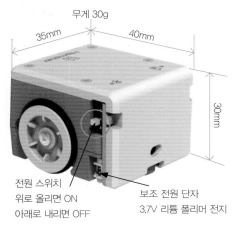

무게 30g
35mm
40mm
30mm

전원 스위치
위로 올리면 ON
아래로 내리면 OFF

보조 전원 단자
3.7V 리튬 폴리머 전지

〈크게, 무기, 전원〉

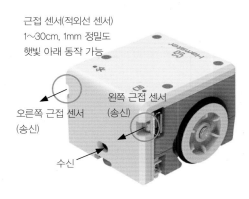

근접 센서(적외선 센서)
1~30cm, 1mm 정밀도
햇빛 아래 동작 가능

왼쪽 근접 센서
(송신)

오른쪽 근접 센서
(송신)

수신

〈근접 센서〉

왼쪽 바닥 센서
(적외선 센서)
0~100단계

3축 가속도 센서
2g, 4g, 8g, 16g 범위 설정
16비트 정밀도

내부 온도 센서
-40도 ~ +87.5도
0.5도 정밀도

오른쪽 바닥 센서
(적외선 센서)
0~100단계

〈바닥 센서, 가속도 센서, 온도 센서〉

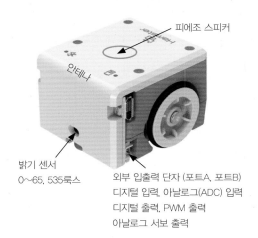

피에조 스피커

안테나

밝기 센서
0~65, 535룩스

외부 입출력 단자 (포트A, 포트B)
디지털 입력, 아날로그(ADC) 입력
디지털 출력, PWM 출력
아날로그 서보 출력

〈스피커, 밝기 센서, 외부 입출력〉

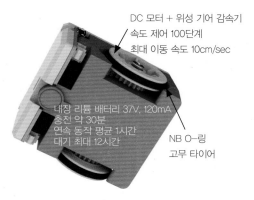

DC 모터 + 위성 기어 감속기
속도 제어 100단계
최대 이동 속도 10cm/sec

내장 리튬 배터리 37V, 120mA
충전 약 30분
연속 동작 평균 1시간
대기 최대 12시간

NB O-링
고무 타이어

〈모터, 배터리〉

햄스터 로봇은 로봇에 부착된 LED를 이용하여 로봇의 상태를 표시해줍니다.

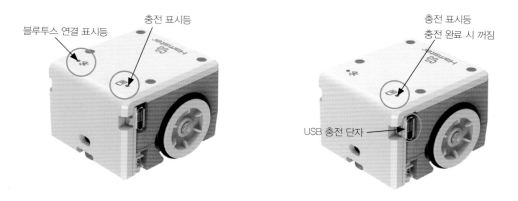

햄스터 로봇을 컴퓨터와 연결하여 프로그램하기 위해서 필수적으로 필요한 것이 햄스터 로봇과 함께 제공되는 USB to BLE Bridge입니다.

〈USB to BLE Bridge와 노트북 연결 모습〉

햄스터 로봇이 USB to BLE Bridge와 쌍으로 연결되면(페어링) 다음과 같은 LED의 불빛으로 연결 여부를 확인할 수 있습니다. 연결되기 전에는 USB to BLE Bridge의 LED가 계속 점멸이 되고, 연결 후에는 삐 소리와 함께 점멸을 멈추고 계속 켜져 있습니다.

〈쌍으로 연결된 모습〉

(4) 엔트리와 햄스터 로봇 연결하기

국내에서 개발하여 많이 이용되고 있는 교육용 프로그래밍 언어인 엔트리를 이용하여 햄스터 로봇을 제어하는 방법을 알아보겠습니다.

엔트리를 이용하여 햄스터 로봇을 제어하기 위해서는 먼저 햄스터 로봇과 엔트리 프로그램을 연결할 수 있는 하드웨어 연결 프로그램을 설치하여 연결해야 하는데, 엔트리 오프라인 버전을 설치하면 하드웨어 연결 프로그램이 함께 설치됩니다. 온라인 버전을 이용할 경우에는 하드웨어 연결 프로그램을 따로 설치해야 합니다.

1) 엔트리 오프라인 버전 설치하기

① 'https://playentry.org'에 접속하여 엔트리 오프라인 프로그램을 다운로드 받아 설치합니다.

② 설치 프로그램을 다운로드 후 실행하면 위와 같은 화면이 나옵니다. 이때 [다음]을 눌러 설치를 진행합니다.

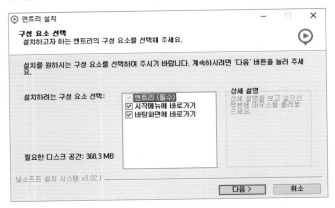

③ 설치 폴더를 지정한 후 [설치]를 선택합니다.

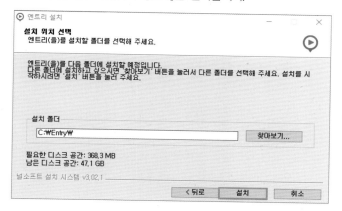

④ 설치가 완료되면 [다음]을 눌러 설치를 마무리합니다.

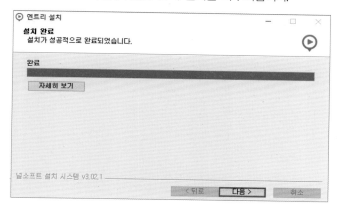

⑤ [마침]을 누르면 설치가 완료됩니다.

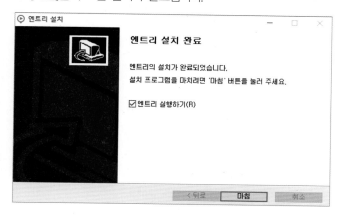

2) 엔트리 오프라인 버전을 실행하고 햄스터 로봇 연결하기

①설치된 엔트리 오프라인 프로그램 아이콘을 더블클릭하여 실행합니다.

② 프로그램 실행 후 명령 블록 꾸러미 중 하드웨어 명령 블록 꾸러미를 선택하고, 나타난 메뉴 중 [연결 프로그램 열기]를 선택합니다.

③ 엔트리 하드웨어 프로그램이 실행되면 나타나는 여러 가지 장치 중 햄스터 로봇을 찾아서 선택합니다.

④ [연결 중] 화면이 나타나면서 햄스터 로봇과 연결을 시도하게 됩니다.

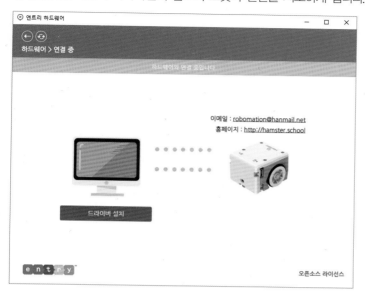

⑤ 컴퓨터에 USB to BLE Bridge가 꽂혀 있어야 합니다.

⑥ USB to BLE Bridge가 제대로 인식이 안될 경우 [연결 중] 화면에서 드라이버 설치를 눌러 드라이버를 설치해
줍니다.

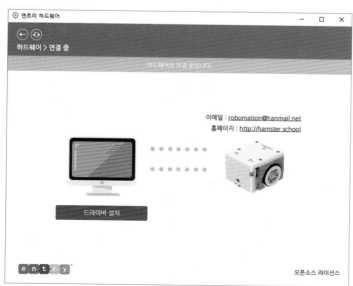

⑦ 햄스터 로봇을 USB to BLE Bridge 근처 가까이 가지고 가서 전원 스위치를 올려서 켜줍니다.

⑧ 햄스터 로봇과 페어링이 되면 USB to BLE Bridge의 LED와 햄스터 로봇의 블루투스 LED가 켜지게 됩니다.

⑨ 햄스터 로봇이 연결되면 하드웨어 연결 프로그램의 윗부분에 '하드웨어가 연결되었습니다.'라는 메시지가 나타났다 사라집니다.

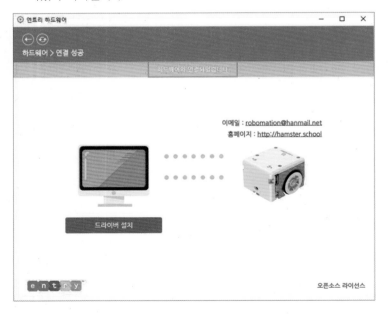

⑩ 로봇이 연결된 후에는 하드웨어 연결 프로그램 상단에 '연결 성공'이라는 메시지가 나타나게 됩니다.

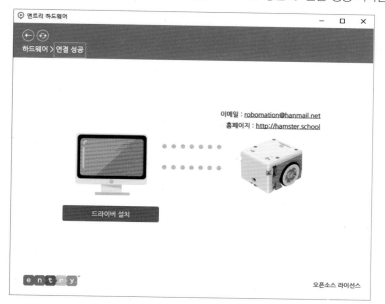

tip

– 엔트리 하드웨어 연결 프로그램을 통해 햄스터 로봇이 연결되면, 엔트리 오프라인 프로그램의 하드웨어 명령 블록 부분에 햄스터 로봇을 제어하기 위한 명령 블록이 나타나게 됩니다.

– 엔트리를 이용하여 햄스터 로봇 프로그램을 작성하는 동안에는 하드웨어 연결 프로그램이 계속 실행되고 있어야 합니다. 하드웨어 연결 프로그램을 종료하면 엔트리에서 작성한 명령을 햄스터 로봇에 전송할 수 없습니다.

(5) 엔트리를 이용하여 햄스터 로봇 프로그래밍하기

엔트리와 햄스터 로봇을 연결하였다면, 엔트리에서 제공하는 다양한 명령 블록을 이용하여 햄스터 로봇을 제어할 수 있는 프로그램을 작성할 수 있는 준비가 완료된 것입니다. 엔트리를 이용하여 햄스터 로봇을 제어하기 위해서 먼저 엔트리의 화면 구조를 살펴보면 다음과 같이 프로그램 실행 화면, 오브젝트 목록, 블록 꾸러미, 블록 조립소 등으로 구성되어 있습니다.

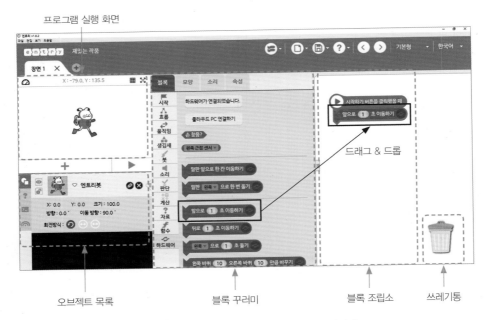

〈엔트리 오프라인 프로그램 화면 구조와 프로그래밍 방법〉

프로그램을 작성하는 방법은 블록 꾸러미에 있는 명령 블록을 마우스를 이용하여 드래그한 다음, 블록 조립소에 드롭하여 다른 명령 블록들을 서로 연결하는 드래그 & 드롭 방식으로 프로그램 코드를 작성합니다. 이때 명령 블록들은 서로 연결되어 있어야 하며, 필요 없는 명령 블록은 쓰레기통으로 이동하면 지워집니다.

(6) 미션 – 햄스터 로봇을 3초 동안 앞으로 이동시켜 봅시다.

엔트리 프로그램의 프로그래밍 방법을 이용하여, 미션에서 제시한 햄스터 로봇을 3초 동안 앞으로 이동시키는 프로그램을 살펴보면서, 다양한 햄스터 로봇 프로그래밍 방법을 알아보겠습니다.

1) 방법 1 : 명령 블록 연결하기

이 방법은 명령 블록에 있는 [앞으로 1 초 이동하기] 명령 블록 3개를 연결하여 로봇을 3초 동안 앞으로 이동하게 하는 방법입니다.

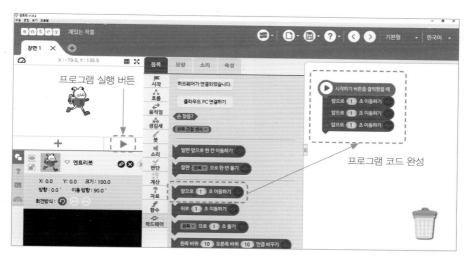

명령 블록 꾸러미에 있는 [앞으로 1 초 이동하기] 명령 블록을 블록 조립소로 드래그하여 이동한 다음 [시작하기 버튼을 클릭했을 때] 명령 블록에 연결하여 프로그램 코드를 완성합니다. 프로그램을 완성한 후 프로그램 실행 버튼을 클릭하면 햄스터 로봇이 3초 동안 앞으로 이동하게 됩니다.

2) 방법 2 : 명령 블록 조합하기

이 방법은 반복 명령 블록을 이용하는 방법입니다.

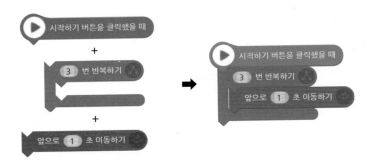

앞으로 1 초 이동하기 명령 블록을 '반복하기' 명령 블록 사이에 집어 넣어서 프로그램을 완성하게 되면, [시작하기] 버튼을 클릭했을 때 앞으로 1 초 이동하기 명령 블록의 동작이 3번 반복되어, 방법 1에서 제시한 앞으로 1 초 이동하기 명령 블록을 3개 이용하는 방법과 같은 동작을 하게 됩니다.

3) 방법 3 : 매개변수 수정하기

이 방법은 명령 블록에 있는 앞으로 1 초 이동하기 명령 블록의 매개변수를 수정하여 로봇을 3초 동안 앞으로 이동하게 하는 방법입니다.

처음 명령 블록에 있는 숫자는 매개변수에 들어 있는 기본 수치이기 때문에, 프로그램 작성 의도에 따라 수정하여 사용할 수 있습니다.

4) 방법 4 : 다른 명령 블록 이용하기

앞으로 이동하기 명령 블록 이외에도 다른 명령 블록을 이용하여 프로그램을 만들 수도 있습니다.

이 방법은 왼쪽 바퀴와 오른쪽 바퀴의 속력을 같게 해서 3초 동안 그 속력을 유지하도록 바퀴에 속도를 정하는 명령 블록을 이용한 프로그램입니다. 이 프로그램을 실행하면 로봇은 3초 동안 30의 속력으로 앞으로 가게 되는데, 3초 후 로봇이 멈추지 않고 계속 동작하는 모습이 나타나게 됩니다. 이는, 프로그램상에서는 30의 속력으로 3초 동안 앞으로 가게 되어 있지만, 로봇은 프로그램이 종료되기 전까지는 그 전에 입력된 프로그램의 상태를 계속 유지하게 됩니다. 그래서 마지막 부분에 정지하기 명령을 추가해야 합니다.

앞에서 제시한 방법 1, 2, 3처럼 정해진 속도로 3초 동안 앞으로 이동시키지 않고 바퀴의 속도에 관련된 매개변수를 수정하여 3초 동안 이동하는 속도를 바꾸어 더 빠르게 또는 더 느리게 3초 동안 로봇을 이동시킬 수도 있습니다.

왼쪽, 오른쪽 바퀴의 속력을 100으로 해서 3초 동안 이동시킨 후 정지해라!

왼쪽, 오른쪽 바퀴의 속력을 20으로 해서 3초 동안 이동시킨 후 정지해라!

왼쪽, 오른쪽 바퀴의 속력을 30으로 해서 3초 동안 이동시킨 후 정지해라!

양쪽 바퀴의 속력을 30으로 해서 3초 동안 이동시킨 후 정지해라!

5) 방법 5 : 입력값을 이용하여 프로그램하기

이 방법은 입력-처리-출력의 과정을 학습하기 위한 방법으로 사용자가 입력한 값에 따라 햄스터 로봇의 속력을 바꾸어 3초 동안 이동하는 방법입니다.

시작하기 버튼을 클릭했을 때 로봇의 속력을 입력해 주세요 을(를) 묻고 대답 기다리기 양쪽▼ 바퀴 대답 (으)로 정하기 3 초 기다리기 정지하기	프로그램이 실행되면 사용자로부터 로봇의 속력을 입력받은 후, 입력받은 대답 값을 로봇의 양쪽 바퀴 값으로 정해서 3초 동안 이동시킨 후 정지해라!
시작하기 버튼을 클릭했을 때 로봇의 속력을 입력해 주세요 을(를) 묻고 대답 기다리기 양쪽▼ 바퀴 (대답 + 20) (으)로 정하기 3 초 기다리기 정지하기	프로그램이 실행되면 사용자로부터 로봇의 속력을 입력받은 후, 입력받은 대답 값에 20만큼 더한 값을 로봇의 양쪽 바퀴 값으로 정해서 3초 동안 이동시킨 후 정지해라!

햄스터 로봇을 활용한 언플러그드 활동

(1) 언플러그드 활동이란?

SW 교육을 통해 컴퓨터 과학 원리를 학습하거나 컴퓨팅 사고력을 키우기 위한 도구 및 교수·학습 방법에는 여러 가지가 있습니다. 그중에서도 프로그래밍 언어 교육은 꼭 필요한 부분이지만 처음 접하는 학생들에게는 매우 어렵게 느껴질 수도 있습니다. 그래서 학생들이 더욱 접근하기 쉬운 다양한 교육용 프로그래밍 언어가 개발되어 널리 보급되고 있지만, 아직도 여전히 프로그래밍 학습은 어렵고 힘들다는 인식이 팽배한 실정입니다.

이에 대한 대안으로서 제시하고 있는 활동이 바로 언플러그드 활동입니다. 언플러그드 활동이란 다음의 그림에서 제시한 것처럼 컴퓨터 없이 활동이나 게임 등을 통해 컴퓨터 과학의 원리를 학습하거나 컴퓨팅 사고력을 키울 수 있는 활동을 의미합니다. 컴퓨터 과학에서 언플러그드 활동은 1990년대 중반, 뉴질랜드에서 팀 벨(Tim Bell), 마이크 펠로우즈(Mike Fellows)와 이완 위튼(Ian Witten)에 의해 시작되었는데, 이런 활동을 언플러그드 활동(unplugged activity)이라고 불렀습니다.

언플러그드 활동은 컴퓨터 과학의 원리를 쉽고 지루하지 않게 전달하는데 효과적인 역할을 하고 있으며, 현재 우리나라에서도 언플러그드 관련 도서들이 많이 출간되어 널리 활용되고 있습니다.

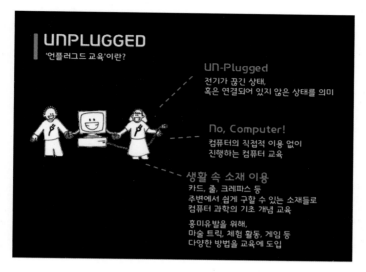

〈언플러그드 활동의 의미〉

[출처] https://image.slidesharecdn.com/unpluggedpdf-121214005055-phpapp01/95/
unpluggedpdf-7-638.jpg?cb=1355446290

(2) 햄스터 로봇을 활용한 언플러그드 활동 사례

햄스터 로봇을 동작시키기 위해서는 컴퓨터와 로봇을 연결하여 프로그램을 작성하여 로봇에 움직이도록 명령을 내려야 합니다. 그러나 이를 위해서는 프로그래밍 작성 방법과 프로그램의 구조 등을 사전에 가르쳐야 합니다. 하지만, 이러한 프로그래밍 활동 전 언플러그드 활동을 통해 햄스터 로봇의 움직임에 관련된 교육을 받고 로봇의 움직임을 학생들이 생각해보는 기회를 제공하면 학생들이 로봇의 움직임과 프로그래밍과의 관계를 훨씬 더 쉽고 명확하게 이해하는 데 도움을 줄 수 있습니다.

1) 활동 사례 : 언플러그드 활동을 통한 햄스터 로봇 말판 이동하기

이 활동은 햄스터 로봇이 움직이도록 그려진 말판에서 햄스터 로봇을 특정한 장소로 이동시키는 활동입니다. 이때, 컴퓨터와 프로그램을 이용하지 않고, 학생들이 햄스터 로봇을 이동시킬 때 필요한 명령어를 직접 만들고, 그 명령을 수행하기 위한 명령어 카드를 만든 다음, 명령어 카드를 이용하여 햄스터 로봇을 이동시키기 위한 언플러그드 프로그램을 만든 후, 그 프로그램에 따라 손으로 로봇을 이동시키면서 프로그래밍의 요소 중 명령어의 필요성, 작성 방법, 실행과 디버깅 등의 과정을 언플러그드 활동을 통해 학습하는 방법입니다.

<table>
<tr><td>

미션 : 다음 말판의 출발점에서 도착점까지 햄스터 로봇을 움직여 보려고 합니다. 햄스터 로봇을 동작시키기 위한 명령어 카드를 만들어서 직접 이동시켜 봅시다.

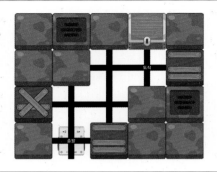

</td></tr>
</table>

<table>
<tr><td>

활동 1 : 필요한 명령어 생각하고, 명령어 카드 만들기

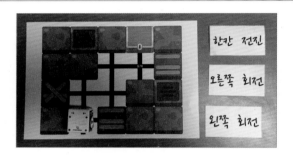

</td></tr>
</table>

활동 1에서는 학생들이 말판을 보면서 햄스터 로봇을 이동시키기 위한 명령어는 어떤 것이 필요할지 생각해보고 명령어 카드를 만들어 보도록 합니다. 이 과정을 통해 프로그래밍 요소 중 명령어의 필요성을 인식하게 됩니다.

<table>
<tr><td>

활동 2 : 명령어 카드를 연결하여 이동 명령 만들기

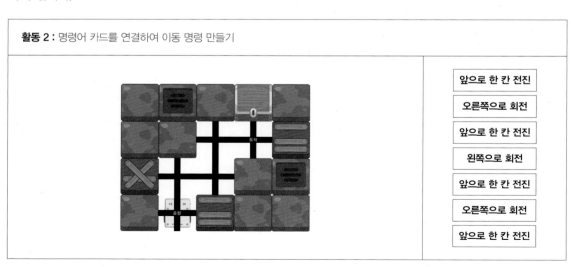

</td></tr>
</table>

활동 2에서는 앞에서 만든 명령어 카드를 순서대로 나열하여 배치하여 로봇을 이동하기 위한 명령을 만들어 봅니다. 이를 통해서 프로그래밍 과정 중 코딩 방법을 언플러그드 활동을 통해 경험하게 됩니다.

활동 3 : 이동 명령에 따라 햄스터 로봇을 손으로 이동시켜 보고, 명령 점검하기

활동 3에서는 앞에서 만든 명령어에 따라 다른 학생이 햄스터 로봇을 손으로 이동시켜 봅니다. 만약 도착점에 제대로 도착하지 않는다면, 그 이유가 무엇인지 파악하고, 명령어를 수정하여 다시 시도해봅니다. 이 활동을 통해 프로그래밍 작성 과정 중 디버깅 과정의 필요성을 경험하게 됩니다.

활동 4 : 추가 명령어 만들어서 이동시켜 보기

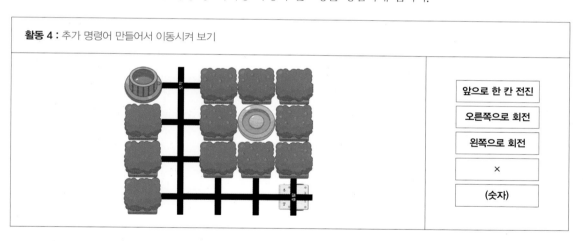

활동 4에서는 새로운 말판 제시를 통해 프로그램을 조금 더 간단하게 만들기 위한 명령어를 새로 만들어 보면서 프로그램의 구조 중 반복 구조를 학습하게 됩니다. 이를 통해서 학생들은 순차 구조 프로그램을 반복구조를 이용하여 간단하게 만들 수 있다는 사실을 명령어와 연결하여 학습할 수 있게 됩니다.

햄스터 로봇을 활용한 교육용 프로그래밍 활동

(1) 교육용 프로그래밍 활동이란?

프로그래밍은 SW 교육의 핵심 요소라 할 수 있습니다. 인간이 만든 알고리즘을 컴퓨터가 이해하고 실행할 수 있게 하려면 프로그래밍 언어를 사용하여 프로그램을 만들어야 합니다. 일반적인 프로그래밍 언어를 익히기 위해서는 기본 문법 및 구조에 대한 이해 과정이 필요합니다. 일반적인 프로그래밍 언어 대부분은 영어 텍스트를 기반으로 이루어져 있으며 다소 복잡한 문법체계를 가지고 있습니다.

이에 반해 교육용 프로그래밍 언어(Educational Programming language)는 블록을 조립하여 프로그래밍하는 것과 같이 일반적인 프로그래밍 언어에 비해 손쉬운 문법과 사용법을 갖춘 언어입니다. 교육용 프로그래밍 언어로는 누구나 쉽게 프로그래밍을 하고 빠르게 결과를 확인할 수 있습니다.

교육용 프로그래밍 언어는 형식에 따라 베이직(BASIC), 로고(LOGO), 러플(RUR-PLE)과 같은 텍스트 기반의 프로그래밍 언어와 엔트리(Entry), 스크래치(Scratch)와 같은 블록 기반 프로그래밍 언어로 구분할 수 있습니다.

텍스트 기반 교육용 프로그래밍 언어는 명령을 텍스트로 입력하지만, 문법이 간단하고 언어에 따라서 결과를 시각적으로 보여준다는 점이 특징입니다.

블록 기반 교육용 프로그래밍 언어는 텍스트가 아닌 주어진 명령 블록을 드래그&드롭하는 방법을 사용하기 때문에 문법을 알지 못해도 프로그램을 제작할 수 있다는 장점과 다양한 시각적인 결과를 쉽게 만들 수 있다는 점이 특징입니다.

학생들이 학습하기 위한 교육용 프로그래밍 언어를 선택할 때는 먼저 미션형에서 기초적인 프로그래밍의 구조와 개념을 습득한 다음 자유형에서는 미션형에서 습득한 내용을 토대로 다양한 지식과 경험의 변형과 확장을 이끌어 내는 방법이 있습니다. 초등학생에게 있어서 텍스트형 언어는 블록형 언어를 충분히 습득한 다음 진행하는 것이 이해하기에 더 도움이 될 수 있습니다.

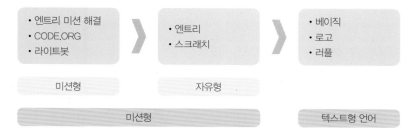

〈교육용 프로그래밍 언어 학습 단계 예시〉

대표적인 블록형 프로그래밍 도구인 엔트리에서는 학생들이 프로그래밍 언어를 이용하는 방법을 손쉽게 익힐 수 있도록 여러 가지 미션을 제시하고 있으며, 이를 통해 프로그래밍 도구의 이용 방법, 프로그래밍 작성 방법, 명령어의 역할 등을 학습할 수 있게 구성되어 있습니다. 특히, 기초적인 프로그램 작성부터 시작해서 순차, 반복, 선택 구조 및 변수, 함수 등의 학습이 가능하도록 미션이 단계적으로 확장되어 제시되고 있어서, 프로그래밍 학습을 처음 접하는 학생들은 이 미션들을 해결해가면서 관련 요소를 학습할 수 있습니다.

〈엔트리 학습하기 미션 종류〉

[출처] https://playentry.org/tt#!/basic/solve

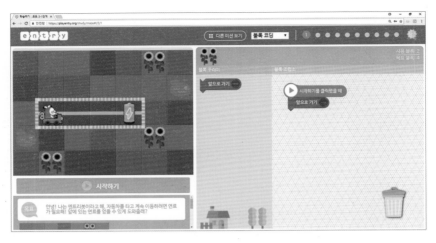

〈엔트리 학습하기 미션 실행 모습〉

[출처] https://playentry.org/study/maze#!/3/1

(2) 햄스터 로봇을 활용한 교육용 프로그래밍 활동 사례

햄스터 로봇을 활용한 교육용 프로그래밍 활동의 목적은 로봇을 움직이고 제어하면서 SW 교육에서 의도하는 교육용 프로그래밍과 관련된 학습 내용을 학습하는 것이 일차적인 목적입니다. 그렇기 때문에, 본 활동을 통해 프로그래밍 도구의 사용법, 프로그래밍 방법, 프로그램의 구조 및 프로그램 작성 과정 등을 학습하도록 활동이 이루어져야 합니다.

1) 활동 사례 : 프로그램의 순차, 반복 구조 알아보기

문제 : 다음 말판의 출발점부터 도착점까지 햄스터 로봇이 이동하도록 프로그램을 작성하여 봅시다.

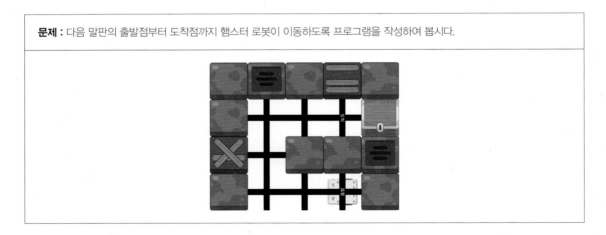

본 활동은 엔트리에서 교육용 프로그래밍을 학습할 때 사용하는 미션 활동과 유사한 활동입니다. 엔트리의 미션 활동을 통해 학습하는 내용과 유사한 내용을 로봇을 통해 실제 공간에서 움직이게 하는 학습 활동을 통해 학생들의 호기심을 유발하면서 학습 목표를 달성할 수 있게 구성된 활동입니다.

〈엔트리 학습하기 – 로봇 공장 반복 구조 미션〉

활동 1 : 말판을 보면서 햄스터 로봇이 어떻게 움직여야 하는지 살펴보기

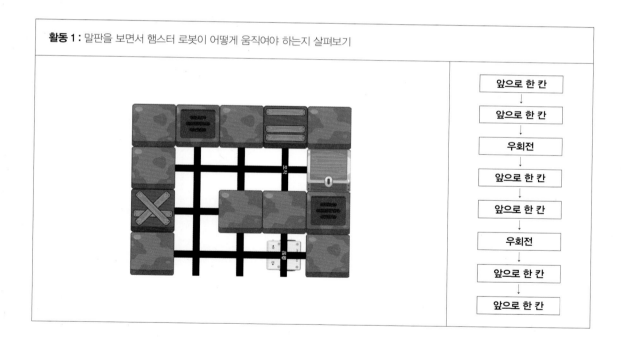

활동 2 : 엔트리 프로그램을 살펴보면서, 프로그램을 위해서 어떤 명령 블록이 필요한지 살펴보고 프로그래밍하기

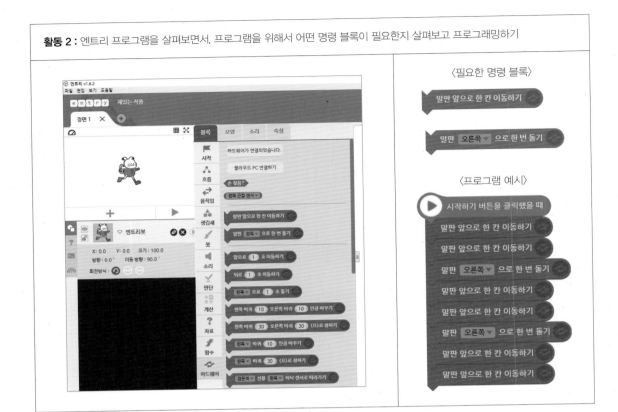

활동 2는 앞에서 살펴본 로봇의 움직임을 구현해 줄 수 있는 명령 블록을 찾아보면서, 명령 블록의 쓰임새를 파악하도록 합니다. 또, 이 과정에서 프로그램 명령어의 필요성을 생각해보는 활동을 할 수도 있습니다.

활동 3 : 프로그램 속에서 반복되는 규칙을 찾고 순서도로 표현해보기

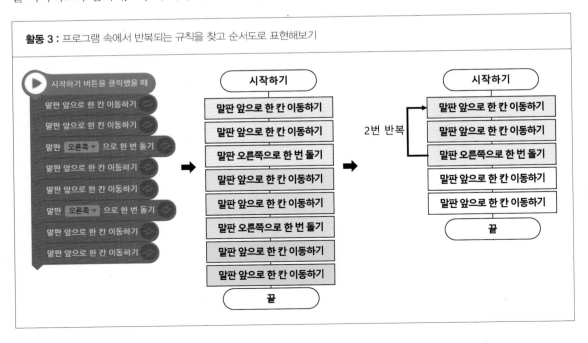

활동 3은 로봇을 움직이기 위한 프로그램을 살펴보고 규칙을 찾아내는 활동을 통해 순차와 반복 구조로 이루어진 프로그램의 형태를 파악하는 활동입니다. 여기에서는 학생이 스스로 규칙을 발견하는 활동이 중요합니다.

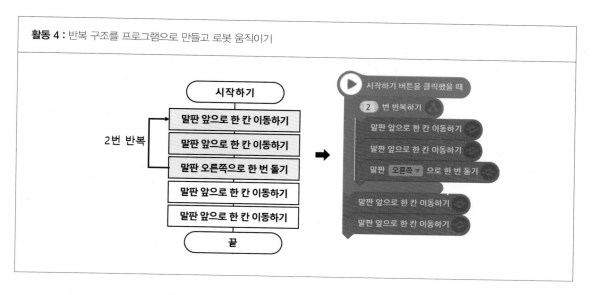

활동 4 : 반복 구조를 프로그램으로 만들고 로봇 움직이기

활동 4는 작성한 순서도를 프로그램으로 구현하는 데 필요한 명령 블록을 찾고, 그 명령 블록을 이용하여 프로그램을 작성해보는 과정을 통해, 반복 구조 프로그램 작성 방법을 학생들이 스스로 익힐 수 있도록 하는 활동입니다.

위의 과정을 통해 학생들은 프로그램을 작성할 때 사용하는 명령어의 쓰임새, 블록형 프로그래밍 언어의 프로그램 작성 방법, 순차와 반복 구조 형태의 프로그램 구조와 프로그래밍 도구를 이용한 작성 방법 등을 학습할 수 있게 됩니다.

2) 활동 자료 안내

햄스터 로봇을 활용한 미션형 교육용 프로그래밍 활동 자료는 '햄스터 스쿨(http://hamster.school)'에서 다운로드 받아 출력해서 사용할 수 있습니다.

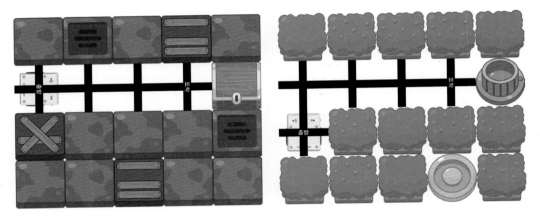

〈순차 구조 학습용 미션 활동지〉

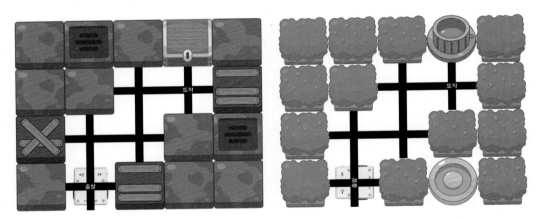

〈반복 구조 학습용 미션 활동지〉

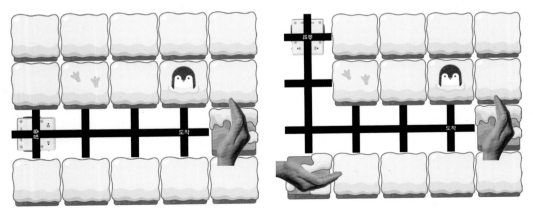

〈선택 구조 학습용 미션 활동지〉

햄스터 로봇을 활용한 피지컬 컴퓨팅 교육 활동

(1) 피지컬 컴퓨팅이란?

피지컬 컴퓨팅의 개념은 댄 오설리번(Dan O'Sulivan)과 탐 아이고(Tom Igoe) 교수가 NYUIITP (Interactive Telecommunications Program, New York University)에서 인터랙티브 피지컬 시스템(interactive physical systems)을 가르치는 데서 시작되었습니다.

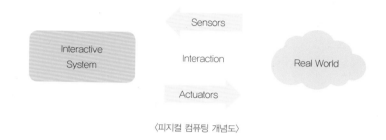

〈피지컬 컴퓨팅 개념도〉

이러한 피지컬 컴퓨팅을 활용한 SW 교육은 "물리적인 실세계와 컴퓨터의 가상 세계가 서로 대화하는 과정에서 컴퓨팅 사고력을 신장시킬 수 있는 활동을 전개하는 교육 활동"이라고 할 수 있는데, 피지컬 컴퓨팅 활용 교육의 장점은 다음과 같습니다.

첫째, 미디어 아트 분야에서 시작된 피지컬 컴퓨팅은 학생들에게 시각, 청각, 촉각 등의 여러 감각 기관을 활용하여 흥미로운 학습 환경을 제시할 수 있습니다.

둘째, 피지컬 컴퓨팅은 사운드, 빛 센서, 온도 센서, LED, 서보 모터 등을 마이크로 컨트롤러를 통해 제어하며 실세계 환경과 꾸준히 상호작용 할 수 있습니다.

셋째, 피지컬 컴퓨팅을 활용하여 제작할 수 있는 창작물은 시각적일 뿐만 아니라 직접 만져볼 수 있습니다. 학습자들은 그들에게 의미 있고, 상호작용적인 작품을 설계하고 창작하게 되고, 이러한 상호작용적 객체를 창작하는 과정은 학습자들의 사고를 촉진시켜 줍니다.

넷째, 피지컬 컴퓨팅은 실세계와 상호작용이 가능한 의미 있는 작품을 개발하기 위해 친구들과 협력하며 토의하는 과정이 강조됩니다. 구성주의 학습 이론에 따르면, 학습은 학습자가 지식을 구성하는 과정입니다. 시각적인 창작물을 직접 만들고 개인적으로 유의미한 목적에 맞는 맥락에서 학습이 이루어지는 것이 효과적입니다.

피지컬 컴퓨팅 활용 교육을 위해서는 관련된 교구가 필요한데, 크게 3종류로 구분해볼 수 있습니다.

로봇형 피지컬 컴퓨팅 교구	보드형 피지컬 컴퓨팅 교구	모듈형 피지컬 컴퓨팅 교구
로봇형은 모터 등의 물리적 출력 장치가 강화된 완성된 형태의 도구를 말한다. 프로그래밍의 결과로 로봇을 움직이거나 소리 나게 할 수 있으며, 다양한 센서를 포함하고 있는 경우 이를 활용하여 로봇이 라인을 따라가게 하거나 장애물이 있으면 피하게 하는 등 현실 세계와 상호작용하는 컴퓨팅을 할 수 있다. 로봇형 피지컬 컴퓨팅 중 블록형 교육용 프로그래밍 언어로 제어 가능한 도구의 예로는 햄스터와 알버트 로봇이 있다. 로봇형 도구는 완제품 형태이기 때문에 쉽게 사용할 수 있다는 장점이 있다.	마이크로 컨트롤러를 포함한 전자 보드 형태의 기판을 말한다. 아두이노는 대표적인 오픈 하드웨어 보드이다. 다양한 형태 중 아두이노 UNO 보드는, 마이크로 컨트롤러를 내장하고 6개의 아날로그 입력 핀과 13개의 디지털 입출력 핀을 제공하며 아두이노 프로그램 외에도 다양한 교육용 프로그래밍 언어로 각 핀의 제어가 가능하다. 아두이노는 필요한 전자소자나 확장 쉴드를 활용하여 상상하는 것을 제한 없이 자유롭게 만들어낼 수 있으나, 이를 위해서는 전기 회로 및 전자지식이 필요하기 때문에 초등 교육 현장에 적용하기 어려울 수 있다. 이에 피지컬 컴퓨팅의 초기 단계에서는 센서 보드나 전자 부품 구성이 필요 없이 제작된 보드 타입의 교구를 사용하면 편리하다.	다양한 입력 장치와 출력 장치를 조립하여 마이크로 컨트롤러에 연결하고 교육용 프로그래밍 언어를 통해 제어할 수 있는 도구를 말한다. 레고 형태로 주어진 블록들만을 가지고 조립을 할 수도 있고 종이, 철사 등 다른 재료들을 통해 원하는 형태를 만들어 낼 수도 있다. 그 예로는 레고 위두(Lego WeDo), ev3 등이 있다. 원하는 대로 조립하고 때로는 다른 재료들을 함께 쓸 수 있기 때문에 활용 범위가 넓지만, 가격이 비싸고 제품 간 호환이 어렵다는 단점이 있다.

햄스터 로봇을 이용하여 피지컬 컴퓨팅 교육을 할 때는 햄스터 로봇이 가지고 있는 센서의 입력값을 이용한 프로그램을 작성한 후, 컴퓨터 화면에 표시하거나, 햄스터 로봇의 출력 장치를 이용한 동작을 만드는 등의 활동을 할 수 있습니다.

예를 들어, 햄스터 로봇의 온도 센서에 입력된 온도 측정값을 입력받아서 컴퓨터 화면에 온도를 출력해주는 온도계 프로그램을 제작할 수도 있고, 햄스터 로봇이 가지고 있는 3축 가속도 센서를 이용하여 센서값의 변화에 따라 프로그램 화면의 오브젝트가 움직이도록 하는 조이스틱 만들기, 퀴즈 대회를 진행할 때 발표자를 뽑기 위하여 여러 대의 햄스터를 이용하여 먼저 햄스터 로봇의 전방 감지 센서에 손을 댄 사람이 발표할 수 있도록 해주는 햄스터 버튼 만들기 등의 활동을 할 수 있습니다.

(2) 햄스터 로봇을 활용한 피지컬 컴퓨팅 교육 사례

햄스터 로봇을 활용하면 햄스터 로봇이 가진 센서의 다양한 측정값을 무선을 통해 컴퓨터나 스마트패드로 입력받아 사용할 수 있기 때문에 매우 편리하며, 햄스터 확장 보드를 이용할 경우에는 더욱 다양한 센서값을 입력받아 이용할 수 있어서 그 활용 방법과 범위가 다양하다고 할 수 있습니다.

1) 햄스터 로봇 온도계

이 활동은 햄스터 로봇이 가지고 있는 온도 센서의 값을 입력받아서 프로그램을 통해 디지털 온도계를 만들어 보는 활동입니다.

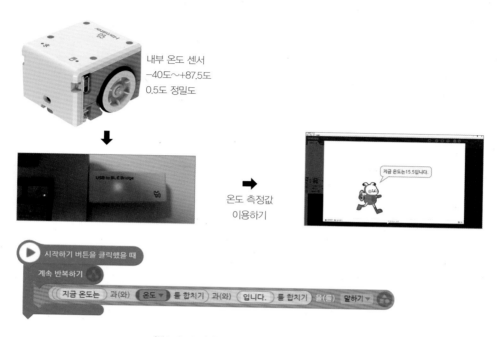

내부 온도 센서
−40도~+87.5도
0.5도 정밀도

온도 측정값
이용하기

지금 온도는15.5입니다.

시작하기 버튼을 클릭했을 때
계속 반복하기
지금 온도는 과(와) 온도▼ 를 합치기 과(와) 입니다. 를 합치기 을(를) 말하기▼

〈햄스터 로봇 활용 온도 측정 프로그램과 작동 원리〉

햄스터 로봇에 장착된 내부 온도 센서를 통해 측정한 온도값은, 햄스터의 무선 블루투스 동글을 통해 컴퓨터로 전송되게 됩니다. 그다음, 엔트리 프로그램에서 전송된 햄스터 로봇의 온도 센서값을 말하는 프로그램을 완성한 것입니다. 온도 측정을 해보고 싶은 곳에 햄스터 로봇을 놔두면 해당 장소의 온도값을 무선으로 전송받아 프로그램을 통해 그 온도를 확인할 수 있습니다.

2) 햄스터 로봇 조이스틱

이 활동은 햄스터 로봇이 가진 3축 가속도 센서의 변화값을 이용하여 그 변화값에 따라 엔트리 프로그램의 오브젝트를 움직이도록 하는 활동입니다.

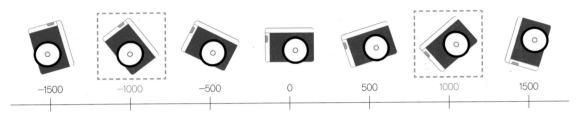

〈기울기에 따른 햄스터 로봇의 센서값 변화 예시〉

위 그림에서 살펴볼 수 있듯이 햄스터 로봇을 기울이게 되면 3축 가속도 센서의 값이 위 그림처럼 바뀌게 됩니다. 이때, 일정한 값을 기준으로 두고, 그 값보다 커지거나 작아지면 조이스틱을 작동했다고 판단하고 해당 방향으로 움직이는 프로그램을 작성하여 만드는 활동입니다.

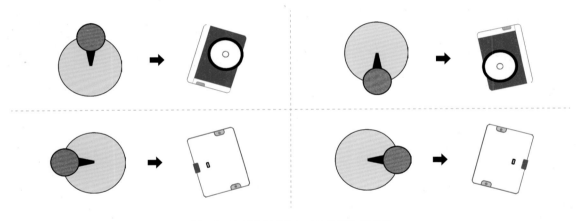

〈햄스터 로봇의 움직임 방향과 조이스틱 방향과의 관계〉

위 그림은 조이스틱을 위, 아래로 움직이는 동작을 위해서 햄스터 로봇을 앞뒤로 움직였을 때 변화하는 센서의 X축 값의 변화를 이용하고, 조이스틱을 좌우로 움직이는 효과를 위해서는 햄스터 로봇을 좌, 우로 움직였을 때 변화하는 센서의 Y축 값의 변화를 이용한 조이스틱 동작 구현 모습입니다.

3) 어두울 때 켜지는 가로등

우리 주변의 가로등은 어두울 때는 불이 켜지고, 밝을 때는 불이 꺼지도록 되어 있습니다. 이를 위해서는 주변이 어두운지 밝은지를 센서를 통해 감지하여 동작할 수 있도록 해야 하는데, 이때 햄스터 로봇의 전방에 있는 밝기 센서의 값을 이용하여 주변의 빛의 양을 측정하고, 그 측정한 결과에 따라 LED를 점등하는 프로그램을 만들어서 가로등과 같은 동작을 표현해볼 수 있습니다.

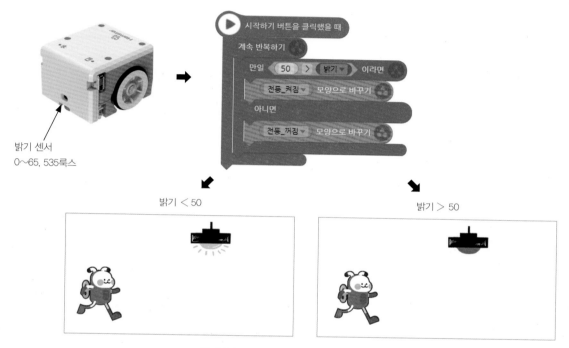

〈밝기값의 변화에 따라 가로등 동작 프로그램〉

이 그림에서는 햄스터 로봇의 앞부분에 있는 밝기 센서를 통해 감지한 측정값을 '밝기'라는 변수에 저장한 다음, 그 값이 50보다 크면 전등이 꺼지고, 그 값이 50보다 작을 경우에는 전등이 켜지는 모습으로 바뀌도록 작성된 프로그램입니다.

이처럼 햄스터 로봇이 가지고 있는 다양한 센서 측정값을 이용하면 아주 손쉽게 주변 환경의 변화를 측정하고 그 측정값을 이용하는 프로그램을 작성하는 활동을 해볼 수 있습니다.

(05) 햄스터 로봇을 활용한 STEAM 교육 활동

(1) STEAM 교육이란?

현대 사회는 점차 복잡해지고 있고, 특히 과학, 기술, 사회 등 각 분야들이 서로 복잡하게 얽혀 있어 특정 분야의 지식만으로는 현대 사회의 문제들을 해결하기 어려워지고 있습니다. 이에 창의적인 아이디어를 바탕으로 또는 창의적인 방식으로 다양한 분야의 지식을 융합할 수 있는 인재를 필요로 합니다.

이러한 융합의 추세나 필요성은 특히 과학·기술 분야에서는 더 두드러지게 나타나고 있습니다. 이는 현대 사회가 과학·기술에 상당히 의존하고 있으며 그 의존도가 급격히 증가하고 있는 것을 반영합니다. 현대 사회의 과학·기술이 더욱더 다양한 측면에서 사회 깊숙이 파고들수록 과학·기술 지식뿐만 아니라 인문학적 지식과 상상력, 예술적 감성이 융합되어 나타나는 것을 볼 수 있습니다.

STEAM을 정의하자면 "과학 기술에 대한 학생의 흥미와 이해를 높이고 과학 기술 기반의 융합적 사고력(STEAM Literacy)과 실생활 문제 해결력을 배양하는 교육"이라고 설명할 수 있습니다. 더 많은 학생들이 과학 기술 분야로 진출하도록 새로운 교수 학습 방법을 도입한 것입니다. 과학과 수학의 개념과 원리를 이용해 뼈대를 만들고 공학과 기술을 통해 실생활과 연계되는 문제를 해결하도록 유도합니다. 과학과 수학이 중심 역할을 담당하기 때문에 수업 내용에도 과학 기술 내용이 포함되어야 합니다.

미국과 영국에서는 과학 기술 분야 우수 인재를 확보하기 위해 스템(STEM) 교육을 하고 있고, 독일에서는 민트(MINT) 교육을 하고 있습니다. STEM 교육은 과학(S), 기술(T), 공학(E), 수학(M) 등 4개 분야 각각에 중점을 두고 있는데, 우리나라는 STEM에 인문·예술(A) 요소를 덧붙여 창의성을 기르는 STEAM 교육을 하고 있습니다.

우리나라의 STEAM 교육은 과학 기술에 대한 흥미를 높이기 위해 시작되었지만, STEAM 수업이 학생들의 과학에 대한 흥미를 유발하는 데 그치지 않고 과학 기술에 대한 원리를 이해하고 과학·수학 교과의 성취 기준을 달성하여 관련 분야 인재로 성장하는 것을 목표로 시행되고 있습니다.

특히, 새로이 도입되는 2015 개정 교육 과정의 총론에서는 '인문학적 상상력과 과학 기술 창조력을 갖춘 균형 잡힌 창의·융합형 인재 양성'이라는 방향을 제시하고 있으며, 이에 따라 앞으로도 STEAM은 교육 과정의 취지를 반영하여 학생들에게 창의·융합적 사고와 문제 해결력을 배양할 수 있는 교육적 전략으로서 지속해서 강조될 것으로 예상됩니다.

STEAM의 독특한 점은 학생들이 매일 접하는 실제 현실 세계에서 해결책을 찾는다는 것입니다. 물론 교과서의 내용 중에도 실생활과 연계된 부분이 있습니다. 하지만 학교에서는 이미 누군가 완성해놓은 지식과 개념을 정해진 위계에 따라 순서대로 배워야 하고, 교과서와 실생활을 분리해서 설명하는 경우가 많아서 학생들의 흥미를 끌어내기가 쉽지 않습니다.

만약, 학생들이 호기심을 가지고 학습의 의미와 목적을 깨닫게 되면, 해결 방안을 스스로 설계해서 직접 탐구하고 실험하는 과정을 통해 실생활에서의 문제 해결력을 키워나갈 수 있을 것입니다.

학생들의 호기심을 자극하여 문제 해결력 향상에 도움을 줄 수 있는 실생활 문제(real world problem)는 어느 한 과목의 지식만 가지고는 풀 수 없는 경우가 대부분입니다. 여러 학문에 숨은 유용한 지식을 하나로 연결해 활용해야 해결할 수 있습니다. 이러한 생활 속의 문제를 해결하기 위해 여러 교과의 지식을 활용하는 과정에서 자연스럽게 융합이 이루어지게 되는데, 'STEAM 수업'이라 부르려면 S, T, E, A, M 중에서 2개 이상의 교과나 요소를 포함해야 한다는 기준도 이 때문입니다.

문제를 중심에 놓고 이를 해결하기 위해 다각도에서 고민하고 탐구하는 교육은 당연히 여러 종류의 요소를 동원할 수밖에 없습니다. STEAM 수업에서 발생하는 융합은 목적이 아닌 수단이며 목표를 달성하는 과정에서 자연스레 일어나는 현상입니다.

이러한 STEAM 교육을 위해서는 학생들이 관심을 가지고 연계할 수 있는 다양한 공학적 기술을 활용한 수업을 전개하면 좋은데, 이때 햄스터 로봇과 SW 교육을 연계한 활동이 도움을 줄 수 있습니다.

예를 들어, 자동차 후진 시 충돌을 방지하기 위한 후방 감지 센서의 원리를 탐구한 다음, 햄스터 로봇의 센서를 이용하여 후방 감지 센서의 역할을 구현해보고, 그 원리를 적용하여 TV 시청 거리 감지기와 같이 자신만의 제품을 만들어 보는 활동 등을 할 때 사용할 수 있는 것입니다.

또, 햄스터의 멜로디 기능을 이용하여 학생들이 작곡해보거나, 센서와 연계하여 거리에 따라 연주하는 악기 만들기, 퀴즈 버저 만들기 등의 학문 간의 융합이 필요한 다양한 활동을 할 수 있습니다.

(2) 햄스터 로봇을 활용한 STEAM 교육 사례

햄스터 로봇을 이용한 STEAM 교육을 할 때는 햄스터 로봇의 구조와 기능을 생각하면서 구현 가능한 학습 활동 주제를 정하는 것이 좋습니다. 또, 학생들이 본 활동을 위해서 프로그램 제작 방법을 미리 배운 후 활동하기보다는, 학습하는 활동 과정에서 햄스터 로봇을 제어하기 위한 프로그램 제작 방법을 함께 학습할 수 있도록 구성할 필요가 있습니다.

특히, 처음부터 실생활 문제를 해결하기에는 어려움이 있을 수도 있기 때문에, 주변의 현상을 구현해보거나 가상의 문제를 해결하는 경험부터 시작하여 학생들이 관련 지식을 탐구해 나가도록 하면 조금 더 쉽게 접근할 수 있습니다.

1) 햄스터의 밝기 센서를 활용한 과학 실험

초등학교 과학 수업 중 태양의 고도에 따른 빛 에너지 양의 변화를 측정하여 태양의 고도와 빛 에너지의 상관관계를 알아보는 활동이 있습니다. 이때, 빛 에너지의 양을 측정하기 어려워서 모눈종이에 비친 빛의 범위를 재거나, 태양전지를 이용하여 전압의 변화를 측정하여 실험하는 경우가 있습니다.

햄스터의 밝기 센서에 들어오는 빛의 양을 측정하는 프로그램을 만들어서, 고도에 따른 빛의 세기를 측정한 후 그래프로 나타내는 활동을 통한 실험을 할 수 있습니다. 즉, 햄스터를 빛의 세기를 측정하는 실험 장치로 활용하여 과학적 원리를 탐구하는 활동입니다.

이번 활동은 다음과 같은 순서로 전개됩니다. 먼저 햄스터 로봇과 손전등을 이용하여 빛의 밝기를 측정할 수 있도록 장치를 구안하고 배치합니다. 그다음 엔트리 프로그램을 이용하여 측정 프로그램을 작성합니다. 그리고 프로그램을 이용하여 측정 활동을 수행한 후 나온 결과값을 해석하여 과학적 원리를 발견하는 순서로 활동이 이루어지게 됩니다.

〈햄스터 로봇을 활용한 STEAM 활동 순서〉

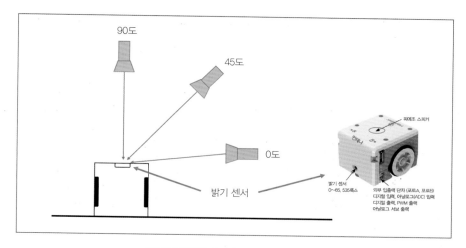

〈밝기값의 변화를 측정하기 위한 실험 장치 배치〉

햄스터 로봇을 이용하여 빛의 밝기를 측정할 때에는 하드웨어 명령 블록에 있는 햄스터 로봇의 센서 입력 값 명령 블록을 사용하여 값을 불러올 수 있습니다.

〈빛의 밝기값을 측정하는 기본 프로그램〉

이 프로그램은 햄스터 로봇의 밝기 센서로 입력된 값을 엔트리 프로그램의 말하기 명령 블록을 통해 1초 간격으로 계속 측정한 값을 나타내 주는 프로그램입니다. 프로그램을 실행하면 햄스터 로봇의 밝기 센서로 감지한 빛의 밝기값을 엔트리 봇이 말하기 명령을 통해 프로그램 실행 화면에 말풍선으로 보여주는 것을 확인할 수 있습니다.

〈빛의 밝기값을 측정하는 기본 프로그램 실행 화면〉

과학적 탐구 활동을 위해서는 실험의 오차를 줄이기 위하여 여러 번 반복 측정한 후 그 값의 평균을 이용하여 실험에 활용하도록 하고 있습니다. 위의 프로그램은 빛의 밝기를 계속 측정만 해주는 프로그램이기 때문에, 이 프로그램을 일정 횟수 이상 측정한 값의 평균을 자동으로 계산해 주도록 프로그램을 수정하여 활용하면 더 편리한 실험 활동을 할 수 있습니다.

시작하기 버튼을 클릭했을 때

3 번 반복하기

지금 밝기는 : 과(와) 밝기▼ 를 합치기 을(를) 말하기▼

측정값▼ 를 측정값▼ 값 + 밝기▼ 로 정하기

2 초 기다리기

빛의 밝기 평균은 : 과(와) 측정값▼ 값 / 3 의 몫 를 합치기 을(를) 말하기▼

〈빛의 밝기값을 3번 측정하여 평균을 내는 프로그램〉

〈빛의 밝기값을 3번 측정하여 평균값을 나타내 주는 프로그램 실행 화면〉

이 프로그램은 빛의 밝기값을 2초 간격으로 3번 반복하여 측정하면서 측정한 값을 더한 다음, '측정값'이라는 변수에 저장합니다. 측정을 마친 후에는 '측정값'을 측정한 횟수로 나눈 평균값을 엔트리 말하기 명령을 통해 나타내서 결과를 보여줍니다.

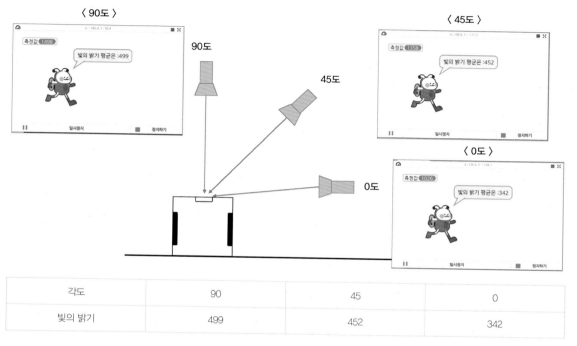

각도	90	45	0
빛의 밝기	499	452	342

〈각도를 달리하여 빛을 비춘 값을 측정한 결과〉

손전등을 이용하여 빛을 비추는 각도를 달리하여 비춘 것을 로봇과 프로그램을 이용하여 측정한 결과입니다. 각각의 평균값은 90도 499, 45도 452, 0도 342라는 측정값을 통하여 빛을 비추는 각도가 높을수록 빛의 밝기가 강하다는 사실을 학생들이 발견할 수 있습니다.

이상의 활동은 태양의 고도와 기온과의 관계라는 자연 현상을 탐구하고 그 원리를 밝히기 위하여 로봇이라는 도구를 과학 실험 장치로 활용하였고, 그 장치를 이용하여 값을 측정하기 위한 프로그램을 직접 제작한 후, 측정한 결과값을 이용하여 자료를 해석한 융합 수업 사례입니다.

실험의 오차를 줄이고 조금 더 정교한 측정이 가능한 실험 프로그램을 제작하기 위해서 다음과 같은 조건을 추가하여 프로그램을 구상하고 설계하여 제작해볼 수 있습니다.

- 측정 전에 시작 안내 멘트를 제시한다.
- 태양의 각도를 달리하여 각각 3회 측정이 이루어지게 한다.
- 각도를 달리하여 측정할 때 '삐' 소리를 내서 각도를 바꾸도록 안내한다.
- 3회 측정한 값을 저장하여 보여준다.

〈프로그램 수정 사항〉

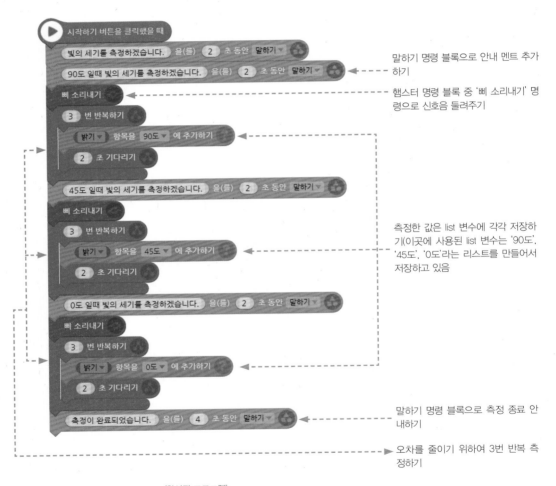

〈완성된 프로그램〉

말하기 명령 블록으로 안내 멘트 추가하기

햄스터 명령 블록 중 '삐 소리내기' 명령으로 신호음 들려주기

측정한 값은 list 변수에 각각 저장하기(이곳에 사용된 list 변수는 '90도', '45도', '0도'라는 리스트를 만들어서 저장하고 있음

말하기 명령 블록으로 측정 종료 안내하기

오차를 줄이기 위하여 3번 반복 측정하기

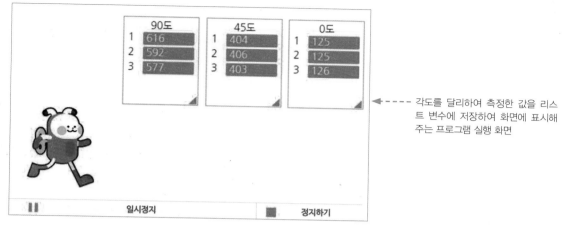

각도를 달리하여 측정한 값을 리스트 변수에 저장하여 화면에 표시해 주는 프로그램 실행 화면

〈프로그램 실행 화면〉

2) 햄스터 로봇을 이용하여 생산과 유통 과정 알아보기

초등학교 4학년 사회 수업 내용 중에는 생산과 소비의 개념을 학습한 후 다양한 생산 활동을 살펴보는 학습 내용이 있습니다. 학생들은 이 학습을 하면서 물건이 만들어져서 우리의 손에 들어오는 과정과 관련된 다양한 생산 활동을 탐색하게 됩니다. 이때 유통의 단계가 적을수록 소비자는 생산자로부터 신선하고 값싼 제품을 공급받을 수 있으며, 물건을 운반하는 과정 중에 생기는 이산화탄소를 줄일 수 있다는 사실까지 학습하게 되어 있습니다.

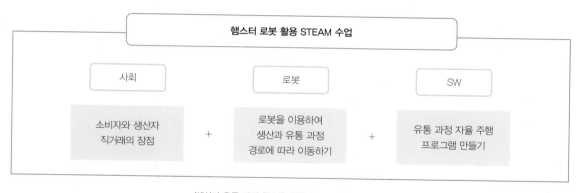

〈생산과 유통 과정 학습을 위한 STEAM 활동 구성안〉

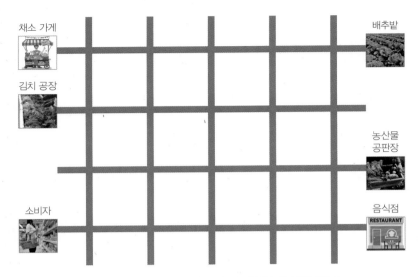

〈햄스터를 이용하여 농산물의 생산과 유통 과정을 학습하기 위한 활동지〉

위에서 제시한 활동지는 농산물의 유통 과정을 햄스터 로봇으로 이동하면서 알아보는 활동지입니다. 학생들은 햄스터 로봇의 말판 이동 명령을 이용하여 배추가 생산되어서 소비자에게 오는 과정을 프로그램으로 만들어 생산, 유통 과정을 학습할 수 있습니다. 더 나아가선 유통 과정이 많았을 때의 이동 시간과 직거래를 통해 유통 경로를 줄였을 때의 이동 시간을 측정하는 프로그램을 만들어 시뮬레이션해 봄으로써, 직거래를 했을 때의 장점을 학생들이 명시적으로 확인해보는 활동을 하도록 구성한 활동입니다. 더 나아가 일정한 구간을 자동으로 왕복하면서 물건을 운반해주는 자율 주행 자동차를 가정한 프로그램을 제작하여 실행해 봄으로써 미래의 생산 유통 기술을 체험해보는 활동까지도 확장할 수 있는 활동입니다.

학습지를 이용한 활동의 예는 다음과 같습니다.

활동 1	햄스터 로봇을 이용하여 배추의 생산과 유통 경로를 따라 이동해보고 걸리는 시간을 측정해보세요. 배추밭 → 농산물 공판장 → 채소 가게 → 소비자
활동 2	배추 생산자와 소비자가 직거래했을 때의 유통 경로에 따라 햄스터 로봇을 이동해보고, 걸리는 시간을 측정해보세요. 배추밭 → 소비자
활동 3	음식점에서 필요한 김치를 얻는 데 필요한 김치의 생산 과정을 따라 햄스터 로봇을 이동시켜 보세요. ( ) → ( ) → ( ) → ( )
활동 4 (모둠 활동)	자율 주행 자동차를 프로그램해봅시다. 로봇 1. 김치 공장과 음식점을 왕복 로봇 2. 배추밭과 김치 공장 로봇 3. 농산물 공판장과 채소 가게 ※ 다른 로봇과 부딪치지 않으면서 이동하도록 프로그램을 작성하여 봅시다.

위와 같은 활동을 통해 학생들은 단순하게 로봇을 이동시키는 것이 아니라 목적에 따라 로봇을 필요한 장소에 이동시킬 수 있는 가장 효율적인 프로그램을 만들어 보는 경험을 통해 사회과 학습 목표와 함께 컴퓨팅 사고력도 학습할 수 있게 됩니다.

 ## 06 햄스터 로봇과 3D 프린터 활용

(1) 3D 프린터 활용 교육이란?

3D 프린터는 입력한 디자인을 2D 단면의 연속으로 재구성한 후 한 층씩 인쇄하여 층층이 쌓아나가는 적층 가공 방식을 이용해서 원하는 디자인의 입체 결과물을 출력하는 도구로, 최근 산업 현장 전반에 걸쳐 상당한 파급력을 일으키고 있는 기술이며 끊임없이 발전하고 있는 분야입니다.

3D 프린터를 활용하면 인쇄물과 영상을 보는 것으로 만족해야 할 자료들이 입체화되고 학생들이 단순히 평면적으로 그리거나 종이나 지점토 등을 이용해 입체로 제작해서 만들어 내야 하는 것들이 3D 프린팅을 통해 실제와 유사한 형태의 결과물로 제작할 수 있습니다. 이러한 활동 과정에서 학생들은 상호 간 협업도 할 수 있고, 고차원적인 사고와 창의성을 신장시킬 수 있습니다. 예를 들어 초등학교 4학년 사회과 교육 과정 중 등고선에 따라 종이를 활용해 지형의 모습을 나타내는 활동에서 학생들은 이제 종이가 아니라 간단하게 지형의 모습을 입체화된 자료를 통해 등고선에 대해 학습할 수 있습니다. 또 물체의 속력에 대해 배우는 5학년 과학에서는 실제로 속력을 내고 움직일 수 있는 자동차 모형을 3D 프린터를 활용해 제작할 수도 있습니다.

이러한 3D 프린터가 가진 교육적 의미는 다음과 같습니다.

첫째, 학습자의 흥미를 이끌어낼 수 있습니다. 3D 프린터를 활용한 수업은 학습자의 동기와 만족감을 높이는데 효과가 있으며 학생들의 흥미를 유발하여 학습 태도가 좋은 영향을 미칩니다.

둘째, 창의성을 기를 수 있습니다. 실생활 문제 해결을 위해 스스로 3D 모델링과 프린팅을 할 수 있으며 그를 통해 학생의 창의성을 함양할 수 있습니다.

셋째, 피지컬 컴퓨팅 교육에서 이미 있는 재료를 사용하는 데 제한되지 않고 3D 프린터를 활용해서 학습자가 직접 하드웨어를 제작하여 활용할 수 있습니다.

학교에서 교과와 연계한 3D 프린터를 활용 방법의 1가지 예를 살펴보면 다음과 같습니다.

〈교과 연계 3D 프린터 활용 방안〉

학년·교과·단원명	학습 주제	3D 프린터 활용 방안
5학년 과학 3. 물체의 속력	고무동력수레 경주하기	학생들이 빠르게 달릴 수 있는 자동차 등의 몸체를 디자인한 후 3D 프린터를 활용해 제작함으로써 자동차 경주 등을 하는 활동으로 프로젝트 학습을 하는데 적합하며 학생들이 자신이 생각하거나 디자인한 자동차를 모형으로 실제 제작할 수 있는 기쁨을 줄 수 있는 단원이라고 할 수 있음
	운동이란 무엇이며, 운동은 어떻게 나타낼까요?	
	일정한 거리를 이동한 물체를 빠르기는 어떻게 비교할까요?	
	일정한 시간에 이동한 물체의 빠르기는 어떻게 비교할까요?	
	물체의 빠르기를 속력으로 나타내어 비교해볼까요?	

위의 사례는 초등학교 5학년 과학 교과에서 학생들이 물체의 속력 단원을 공부하기 위하여 3D 프린터를 이용하여 자동차 몸체를 디자인하여 제작한 다음 그것을 이용하여 경주하면서 물체의 빠르기를 알아보는 사례입니다. 이 외에도 학교에서 3D 프린터를 활용할 수 있는 방법을 살펴보면 다음과 같습니다.

첫째, 다양한 사이트에서 제공하는 오픈소스를 활용해 학교 교육 과정에 적합한 3D 형태의 모형 제작을 통해 교실 수업 속에서 활용하는 방법입니다.

둘째, 교사가 3D 프린팅을 위한 프로그램을 활용해 교육 과정에 따른 실물 자료를 제작해 수업에 활용하는 방법입니다.

셋째, 학생 중심으로 3D 프린터를 활용할 수 있는 가장 일반적인 방법이 될 수 있는 것으로 프로젝트 학습을 통해 중간이나 최종 결과물을 가상 모형이나 실제 모형으로 제작하는 방법으로 활용하는 것입니다.

이러한 방법 이외에도 사용자의 생각에 따라 3D 프린터의 교육적 활용 가능성은 무궁무진하다고 할 수 있을 것입니다.

(2) 3D 프린터를 이용한 햄스터 로봇 활용 교육 사례

3D 프린터와 햄스터 로봇을 함께 활용하게 되면 햄스터 로봇이 가지는 구조적인 제한점을 해결함과 동시에 다양한 창의적 활동들이 가능하게 됩니다. 여기에서는 단원고등학교 김명석 선생님의 수업 사례를 통해 3D 프린터를 이용한 햄스터 로봇의 교육적 활용 사례를 살펴보겠습니다.

1) 햄스터 골프 로봇

이 로봇은 3D 프린터를 이용하여 햄스터 로봇에 부착할 골프채를 만든 다음, 햄스터 로봇의 확장 실드에 서보모터를 연결 후, 출력한 골프채를 결합하여 제작하여 만든 로봇입니다.

〈햄스터 골프 로봇 활용 영상 유튜브 캡처 화면〉

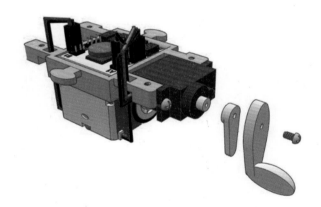

〈햄스터 골프 로봇 조립 화면〉

[출처] https://www.youtube.com/watch?v=iTZOysycqlw

〈햄스터 골프 로봇 제작을 위한 3D 프린터 출력용 파일〉

• STL 파일 다운로드 : https://goo.gl/eAzzZE
• 팅커캐드 원본 소스 : https://www.tinkercad.com/things/3ukKFrMAHr4
 (https://www.tinkercad.com 팅커캐드에서 '햄스터 골프채' 검색)

2) 햄스터 권투 로봇

〈햄스터 권투 로봇 3D 모델링 모습〉

햄스터 권투 로봇은 3D 프린터를 이용하여 햄스터 로봇에 부착할 권투용 팔을 출력하여 제작한 다음, 햄스터의 확장 실드에 서보모터 2개를 부착한 후 팔을 연결하여 제작한 로봇입니다. 이 로봇을 2대를 만들어 학생들이 다양한 권투 동작을 만들어 로봇을 이용한 게임 활동에 이용할 수 있습니다.

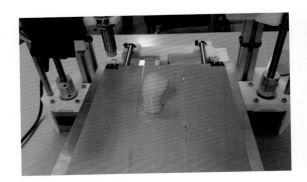

〈햄스터 권투 로봇 활용 영상 유튜브 캡처 화면〉

[출처] https://www.youtube.com/watch?v=2zVTu9Amsg0

〈햄스터 권투 로봇 제작을 위한 3D 프린터 출력용 파일〉
- STL 파일 다운로드 : https://goo.gl/eAzzZE
- 팅커캐드 원본 소스 : https://www.tinkercad.com/things/jiL9e0FUoTB
  (https://www.tinkercad.com 팅커캐드에서 '햄스터 권투' 검색)

3) 햄스터 장수풍뎅이 로봇

이 로봇은 장수풍뎅이의 뿔과 다리를 나타내는 부분을 제작하여 햄스터 로봇의 윗부분에 끼울 수 있도록 만들어서 장수풍뎅이의 모습을 만든 로봇입니다. 이러한 방식을 이용해서 학생들이 다양한 곤충의 모습을 3D 프린터로 디자인하여 출력한 다음, 햄스터 로봇에 부착한 뒤, 곤충의 움직임을 프로그램하여 표현하는 활동을 해볼 수 있습니다.

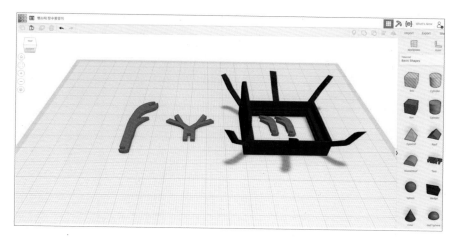

〈햄스터 장수풍뎅이 출력용 3D 파일 팅커캐드 화면〉

〈햄스터 장수풍뎅이 로봇 조립 모습〉

〈햄스터 장수풍뎅이 로봇 제작을 위한 3D 프린터 출력용 파일〉

- STL 파일 다운로드 : https://goo.gl/eAzzZE
- 팅커캐드 원본 소스 : https://www.tinkercad.com/things/cinIHw4xl9i
  (https://www.tinkercad.com 팅커캐드에서 '햄스터 장수풍뎅이' 검색)

(3) 3D 프린터와 여러 대의 햄스터를 조합한 활동

엔트리 프로그램을 이용하면 여러 대의 햄스터를 동시에 제어할 수 있습니다. 방법을 이용하여 여러 대의 햄스터를 연결하여 움직일 수 있는 로봇을 구상하고, 관련 구조물을 3D 프린터로 제작하여 활용할 수도 있습니다.

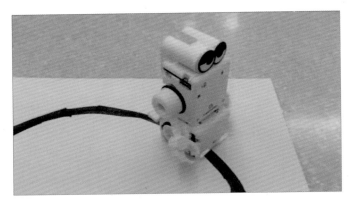

〈2대의 햄스터 로봇을 연결한 휴머노이드 로봇〉

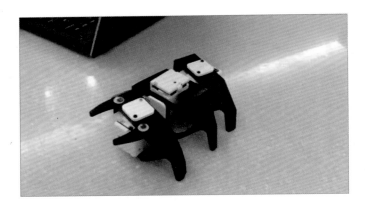

〈3대의 햄스터 로봇을 연결한 개미 로봇〉

〈2대의 햄스터 로봇을 연결한 컵 잡기 로봇〉

MEMO

엔트리 햄스터

02

햄스터 로봇과 함께하는 SW 교육 점프 업!!

햄스터 로봇을 활용하여 SW 교육 역량을 높이는 방법을 다양한 사례와 함께 소개합니다. SECTION 03은 햄스터 로봇을 활용하여 문제를 해결하는 과정을 차근차근 따라하면서 컴퓨팅 사고력을 기르는 과정을 제시하고 있습니다.

SECTION 04는 햄스터 로봇의 센서로 복잡한 문제 상황을 해결하거나 확장 보드, 기구 등을 활용하여 다양한 응용 동작을 구현하는 과정을 제시하고 있습니다.

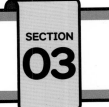
컴퓨팅 사고력 신장을 위한 햄스터 로봇 활용 SW 교육 활동

01 일정한 각도로 회전시키기

- 회전하기 위해 필요한 로봇의 작동 요소를 이해할 수 있다.
- 햄스터 로봇을 이용하여 일정 각도만큼 회전하는 프로그램을 만들 수 있다.
- 로봇을 활용하여 문제를 해결하는데 필요한 요소를 찾아 구조화하는 태도를 갖는다.

우리 주변에는 모터로 회전하는 기구나 전자제품을 많이 볼 수 있습니다. 선풍기의 날개는 제자리에서 회전하면서 사람들에게 시원한 바람을 제공합니다. 또한 놀이공원의 회전목마는 제자리에서 일정 시간 동안 회전을 하면서 사람들에게 즐거움을 줍니다. 또한 룰렛을 돌려 선물이나 벌칙을 받는 게임에서도 회전 과정을 볼 수 있습니다.

그렇다면 로봇을 활용하여 룰렛 게임을 할 수 있을까요? 로봇이 룰렛의 화살표 역할을 하기 위해서는 제자리에서 회전할 수 있어야 합니다. 그렇다면 로봇을 일정 각도만큼 제자리에서 어떻게 회전시킬 수 있을까요?

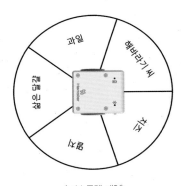

〈로봇 룰렛 게임〉

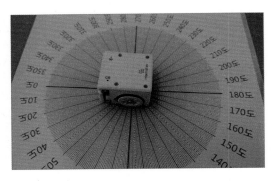

〈정해진 각도만큼 회전하는 햄스터 로봇〉

이번 활동에서는 로봇이 회전하는 데 필요한 요소가 무엇인지 분석한 후 로봇이 제자리에서 일정한 각도만큼 회전하는 프로그램을 구현해보고 이를 햄스터 로봇으로 표현하는 과정을 알아보도록 하겠습니다. 이 활동을 위해서는 햄스터 로봇과 각도가 그려진 활동지가 필요합니다.

(1) 문제를 정의하고 표현해봅시다.

햄스터 로봇이 회전하는 과정을 관찰해보면 로봇이 회전할 때에는 양쪽 모터의 작동 모습이 다르다는 것을 볼 수 있습니다. 햄스터 로봇이 제자리에서 정해진 각도만큼 회전하는 과정을 표현하기 위해 룰렛판 위에서 로봇의 회전 과정을 자세히 관찰합니다.

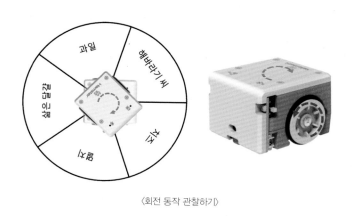

〈회전 동작 관찰하기〉

[관찰]	[추상화]
• 로봇이 제자리에서 회전할 때는 회전 중심이 물체의 가운데 있다. • 모터의 회전 속도를 다르게 하면 로봇이 1바퀴 회전하는데 걸리는 시간이 달라진다. • 일정한 각도만큼 회전하려면 모터를 일정한 시간만큼 작동시킨 후 멈춰야 한다.	• 제자리에서 회전하기 위해서 회전 중심을 가운데에 오도록 해야 한다. • 일정한 각만큼 회전하려면 모터를 일정한 시간만큼 작동한다.

관찰 내용을 살펴보면 본 문제 해결에 필요한 핵심 요소는 모터의 속도와 방향을 정하여 제자리에서 로봇을 회전시키는 방법과 정해진 각도만큼 모터를 작동하는 것입니다. 문제를 정의하기 위하여 문제를 조금 더 작게 나누어 구조화할 필요가 있는데, 본 활동에서 해결하고 싶은 문제를 다음과 같이 분해하여 살펴볼 수 있습니다.

〈회전 동작 관찰하기〉

① 제자리에서 회전하도록 모터의 속도와 방향을 정한다.
② 일정한 각도만큼 로봇을 회전시키기 위해 모터의 작동 시간을 정한다.
③ 정해진 모터의 속도와 방향, 시간만큼 모터를 작동시켜 로봇을 회전시킨다.

이러한 관찰과 추상화, 문제 구조화를 바탕으로 정의한 문제는 다음과 같습니다.

> 회전의 중심이 로봇의 가운데에 있도록 모터를 작동한다.
> 정해진 각도만큼 회전하기 위해 일정 시간만큼 모터를 작동한다.

(2) 문제 해결하기

먼저 제자리에서 회전하는 방법을 찾기 위해 모터의 속도와 방향을 통해 회전을 중심을 찾는 과정을 분석합니다.

 tip 모터 작동을 통한 회전하기 엔트리 명령 블록

엔트리 프로그램으로 햄스터 로봇이 회전하는 과정을 관찰하기 위해 다음과 같은 명령 블록을 이용하여 작동시킬 수 있습니다.

양쪽 모터의 방향을 서로 반대가 되게 하면 한쪽 바퀴는 앞으로 이동하고 다른 바퀴는 뒤로 이동하게 되면 양쪽 바퀴를 잇는 가상의 중심을 기준으로 제자리에서 회전하게 됩니다.

왼쪽 바퀴만 앞으로 30의 속도로 회전하고 오른쪽 바퀴는 정지합니다. 따라서 오른쪽 방향(시계 방향)으로 오른쪽 바퀴를 중심으로 회전하게 됩니다.

왼쪽 바퀴는 정지하고 오른쪽 바퀴는 뒤쪽으로 30의 속도로 회전합니다. 따라서 왼쪽 방향(반시계 방향)으로 왼쪽 바퀴를 중심으로 회전하게 됩니다.

왼쪽 바퀴는 20의 속도, 오른쪽 바퀴는 30의 속도로 회전합니다. 양쪽 바퀴가 회전 방향은 같으나 회전 속도가 다르기 때문에 왼쪽 바퀴 바깥에 회전의 중심을 두고 원을 그리며 회전합니다.

왼쪽 바퀴는 30의 속도, 오른쪽 바퀴는 20의 속도로 회전합니다. 양쪽 바퀴가 회전 방향은 같으나 회전 속도가 다르기 때문에 오른쪽 바퀴 바깥에 회전의 중심을 두고 원을 그리며 회전합니다.

분석 결과 제자리에서 회전하기 위해서는 모터의 속도는 일정하되 모터의 회전 방향을 다르게 하면 된다는 것을 알 수 있습니다. 다음으로 제자리에서 일정 각도만큼 회전하는 로봇을 만들기 위해 로봇이 1초 동안 얼마큼 회전할 수 있는지 분석합니다. 여기서는 로봇의 모터의 속도는 30으로 정하고 양쪽 모터의 회전 방향을 다르게 한 후 1초 동안만 모터를 작동시킵니다.

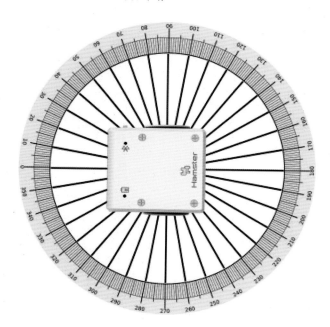

작동 과정의 순서를 생각하며 기본 알고리즘과 프로그램을 만들면 다음과 같습니다.

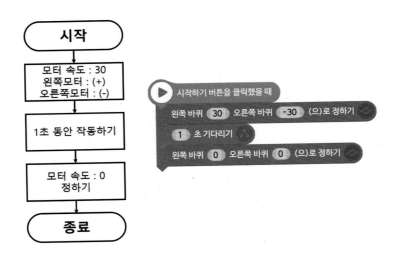

1초 동안 여러 차례 로봇을 회전시켜보고 1초 동안 회전 각도의 평균값을 기록합니다.

측정 횟수	회전 각도
1차	( )°
2차	( )°
3차	( )°

로봇마다 다르겠지만 여기서는 30의 모터 속도로 1초 동안 회전을 시킨 결과 약 90°로 회전한다고 약속하겠습니다. 그렇다면 로봇을 180°만큼 회전하려면 어떻게 해야 할까요? 평균값이 1초에 90°를 회전할 수 있다고 한다면 위의 문제에서 180°를 회전하기 위해서는 180° ÷ 90° = 2초라는 사실을 알 수 있습니다.

> 1초 : 90° = (   )초 : 180°
> 180° ÷ 90° = 2초

위의 분석 결과를 통해 다음과 같은 가설을 세울 수 있습니다.

가설 설정 : 로봇이 180° 회전하기 위해서는 30의 속도로 양쪽 모터의 방향을 다르게 하여 2초 동안 모터를 작동하면 될 것이다.

위와 같은 가설을 바탕으로 프로그램을 위한 순서도를 설계하고 프로그램을 다음과 같이 작성할 수 있습니다.

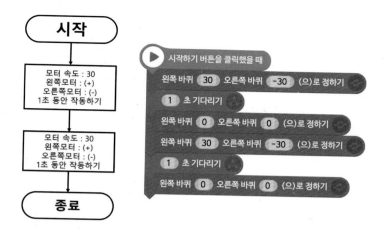

반복되는 부분을 찾아 반복 명령어를 사용하거나 회전 시간을 제한하는 방법으로 프로그램을 다음과 같이 수정할 수도 있습니다.

문제를 해결하는 과정에서 정해진 각도만큼 회전하기 위해 로봇의 회전 과정을 관찰한 결과 단위 시간 (1초) 동안의 회전 각도로 나누는 연산 과정이 필요하다는 것을 알 수 있습니다. 만약 회전할 각도가 270°, 480°, 540°라면 어떻게 문제를 해결해야 할까요?

270°	1초 : 90° = (　)초 : 270° 270° ÷ 90° = 3초
480°	1초 : 90° = (　)초 : 480° 480° ÷ 90° = 5.33333…초
540°	1초 : 90° = (　)초 : 540° 540° ÷ 90° = 6초

회전 각도가 커질수록 계산 과정은 더 복잡해집니다. 회전할 각도만 주어지면 로봇이 직접 계산을 하여 정확한 각도만큼 회전하도록 패턴을 찾아 알고리즘을 수정합니다.

> **1초 : 평균 회전 각도 = (　)초 : 회전할 각도**
> **회전할 각도 ÷ 평균 회전 각도 = 작동 시간**

위의 연산 알고리즘을 일정한 각도만큼 회전하는 프로그램에 적용하여 로봇이 문제를 해결하는지 관찰할 수 있습니다.

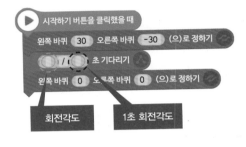

02 로봇의 이동 방법을 응용한 미로 통과

- 햄스터 로봇이 이동해야 할 경로를 분석하여 이동 경로를 제시할 수 있다.
- 햄스터 로봇을 이용하여 미로를 통과하는 프로그램을 만들 수 있다.
- 로봇을 활용하여 문제를 해결하기 위해 문제를 구조화하는 태도를 갖는다.

전 세계 최대 온라인 쇼핑몰 아마존에는 키바(Kiva)라는 물류 로봇이 3만 대 가량 작동하고 있습니다. 키바 로봇은 주문된 물건의 위치로 이동하여 물건이 담긴 상자를 가지고 점원의 위치까지 가지고 오는 똑똑한 로봇입니다. 기존에는 점원이 주문된 물건을 찾아 배송 포장까지 완료하는 데 90분이 걸렸지만, 아마존은 키바 로봇을 도입하여 약 20%가량 비용과 시간을 절감하였다고 합니다.

아마존 키바 로봇의 사례처럼 물류 저장, 배송 등 일상생활의 다양한 분야에서 로봇이 도입이 확대된다고 합니다. 교육 현장에서도 위와 같은 일상생활 사례를 활용하여 사람의 일손을 도와 단순하고 반복적인 일들을 돕는 로봇을 개발하거나 생활 속에서 로봇의 도움이 필요한 반복적인 일을 찾아 로봇으로 해결하는 교육 활동이 이루어집니다. 또한 키바 로봇처럼 로봇이 주어진 목적지까지 이동하기 위해 전체 경로를 분석하여 프로그램을 구현하여 로봇이 미로를 통과하며 이동시키는 교육 활동이 이루어집니다.

〈아마존 키바(Kiva) 로봇〉

[출처] http://datagram.co.kr/files/uploads/2k/kiva%20%282%29.jpg

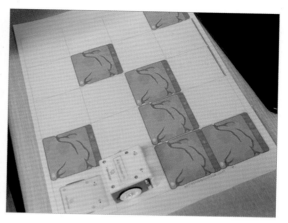

〈미로를 이동하는 햄스터 로봇〉

이번 활동에서는 키바 로봇과 같이 햄스터 로봇이 특정 지점에서 다른 목적지까지 이동하는 과정을 프로그램으로 구현해보도록 하겠습니다. 이 활동을 위해서는 햄스터 로봇과 함께 햄스터 로봇으로 문제를 해결할 미로용 학습지가 필요합니다.

(1) 문제를 정의하고 표현해봅시다.

문제를 해결하기 위해서는 이동 경로를 관찰하고 로봇이 이동하는 전체 과정을 분석하여 로봇의 이동 방법에 따라 이동하는 프로그램을 구현해야 합니다. 로봇이 이동해야 할 경로를 관찰해보면 지정된 위치까지 이동하는 과정에서 직진하거나 회전하기의 과정을 거쳐 목적지로 이동해야 한다는 것을 알 수 있습니다.

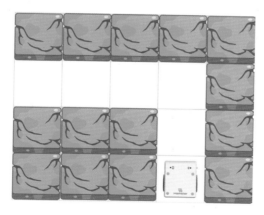

〈햄스터가 이동할 미로〉

- 전체 구간은 직진, 회전, 직진 구간 순서로 이루어져 있다.
- 직진 구간은 일정한 거리만큼 직진으로 이동한다.
- 직진 구간과 직진 구간 사이에 회전 구간이 있다.
- 회전 구간은 제자리에서 왼쪽으로 회전해야 한다.

➡

- 직진 구간은 일정한 거리만큼 이동한다.
- 회전 구간은 왼쪽으로 90°만큼 회전한다.

관찰한 내용을 바탕으로 살펴보면 본 문제 해결에 필요한 핵심 요소는 도로를 로봇의 이동 방법(앞으로, 뒤로 가기, 회전하기)을 고려하여 구간을 나눠보고 구간별로 로봇 이동 방법을 적용하여 이동하도록 하는 것입니다. 이를 구조화하여 표현하면 다음과 같이 나타낼 수 있습니다.

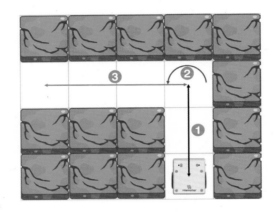

① ❶구간은 일정 거리만큼 직진으로 이동한다.
② ❷구간은 일정 각도만큼 왼쪽으로 회전한다.
③ ❸구간은 일정 거리만큼 직진으로 이동한다.

관찰과 추상화, 문제 구조화를 바탕으로 문제를 구체화하면 다음과 같습니다.

**미로를 통과하기 위하여
구간별로 일정한 거리와 각도만큼 직진하고 회전한다.**

(2) 문제 해결하기

미로를 분해한 과정에서 나눈 이동 경로를 보며 직진 구간에서 로봇이 이동해야 할 거리와 회전 구간에 로봇이 얼마나 회전해야 하는지를 분석합니다.

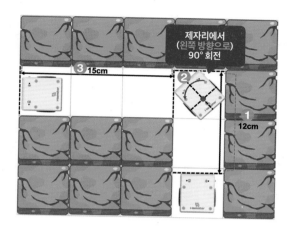

로봇이 1초에 3cm를 이동할 수 있고 1초에 90°를 회전할 수 있다고 약속하고 분석 결과를 토대로 문제를 해결하기 위해 다음과 같은 가설을 설정할 수 있습니다.

가설 설정	① 30의 모터 속도로 4초를 이동하면 1구간을 이동할 수 있을 것이다. ② 30의 모터 속도로 오른쪽 모터는 (+) 방향, 왼쪽 모터는 (−) 방향으로 한 후, 1초 동안 모터를 작동하면 왼쪽으로 90°를 회전할 수 있을 것이다. ③ 30의 모터 속도로 5초를 이동하면 3구간을 이동할 수 있을 것이다.

설정한 가설을 바탕으로 로봇의 이동 과정을 표현하면 다음과 같습니다.

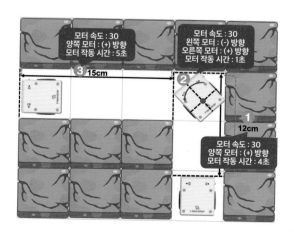

분석 결과를 바탕으로 알고리즘을 설계하고 구간별로 로봇이 동작할 프로그램을 다음과 같이 작성할 수 있습니다.

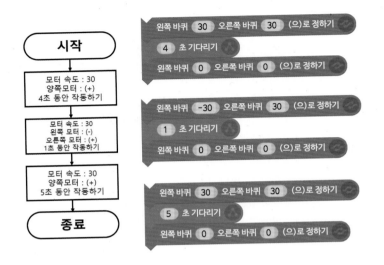

작성한 프로그램을 작동시켜 로봇이 미로를 정상적으로 이동하는지 실험해보도록 합니다. 관찰 결과 동작이 제대로 작동하지 않는 구간에서는 어떤 점이 문제가 있는지 다시 분석하고 알고리즘과 프로그램을 수정한 후 다시 로봇을 관찰하는 과정을 반복하며 문제를 해결해 나갑니다.

스스로 해보기

다음과 같은 미로를 통과하려면 어떻게 프로그래밍 해야 할까요?

햄스터 로봇으로 다음의 미로를 통과하기 위해서는 미로의 구간을 어떻게 나눠야 할까요?

(미로의 구간을 직진과 회전 구간으로 나눠보고 반복되는 구간이 없는지 확인 후 문제를 해결합니다.)

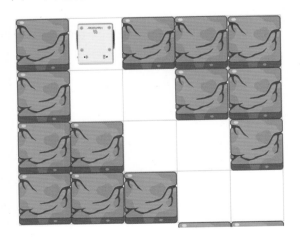

※ 확장 문제 해결을 위한 측정값
- 1초에 이동할 수 있는 거리 : 3cm
- 1초에 회전할 수 있는 각도 : 90°

다음과 같은 미로를 통과하려면 어떻게 프로그램을 해야 할까요?

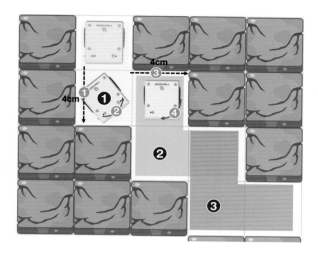

- 경로를 분석하면 동작이 총 3개의 구간에 걸쳐 반복되고 있음을 분석할 수 있습니다.
- 따라서 동작을 각각 프로그램으로 만들고 3번 반복하도록 반복 명령 블록으로 연결하면 프로그램이 완성됩니다.

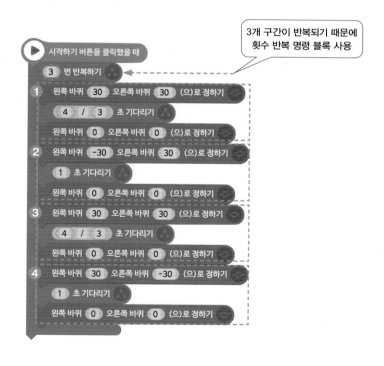

LED와 버저를 이용한 표현 방법 알아보기

- 사람의 감정을 분류하여 소리, 얼굴색, 움직임으로 단순화하여 표현하는 과정을 이해할 수 있다.
- 햄스터 로봇을 이용하여 다양한 감정을 표현하는 프로그램을 만들 수 있다.
- 로봇을 활용하여 문제를 해결하기 위해 문제를 구조화하는 태도를 갖는다.

최근에는 많은 가족 대신 애완 동물을 가족처럼 가정이 늘어나면서 애완 동물 문화가 많이 발전하고 있습니다. 애완 동물을 관리하는 데 어려움이 있거나 정서적 치료가 필요한 경우에는 애완 로봇이 등장하여 사용되고 있습니다. 애완 로봇은 사람의 접촉을 느끼며 스스로 감정을 표현하거나 자유롭게 동작하는 모습을 보이기도 합니다. 사람들은 자신의 감정을 표현하는 애완 로봇을 보면서 신기해합니다.

로봇은 사람들을 대신해 사람들이 하긴 힘든 역할을 대신하기도 하지만 사람과 공감하는 대상물로도 많이 활용되고 있습니다. 로봇의 모습을 재미있게 꾸며보거나 사람과 대화하는 것 같이 로봇이 감정을 표현하는 것과 같은 모습을 만들어보는 활동을 할 수 있습니다.

〈발달장애아를 위한 애완 로봇〉
[출처] http://img.yonhapnews.co.kr/etc/inner/KR/2017/05/18/
AKR20170518170600017_02_i.jpg)

〈감정을 표현하는 햄스터 로봇〉

이번 활동에서는 사람의 감정 표현을 관찰하고 햄스터 로봇이 표현할 수 있는 형태로 표현하는 프로그램을 만들어 햄스터 로봇이 감정을 표현하는 로봇처럼 작동하도록 만들어 보겠습니다. 이 활동을 위해서는 햄스터 로봇과 필요한 경우 햄스터 로봇을 꾸며줄 수 있는 장식품 등이 필요합니다.

(1) 문제를 정의하고 표현해봅시다.

햄스터 로봇이 감정을 표현하는 것처럼 하려면 사람이나 동물이 감정을 어떻게 표현하는지 관찰해야 합니다. 사람의 표정이나 말투, 동작을 관찰해보면 눈꼬리가 올라가거나 소리를 내어 크게 웃기, 화가 날 때 얼굴색이 변하는 등의 모습을 볼 수 있습니다.

〈다양한 표정〉

관찰 내용을 바탕으로 햄스터 로봇을 통해 표현할 수 있는 감정 표현의 동작을 추상화해보면 위와 같이 정리해 볼 수 있습니다.

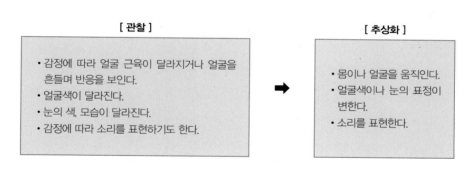

사람이 표현하는 감정은 매우 다양하기 때문에 모든 것을 표현할 수 없지만, 대표적인 감정 표현에 관련되어 작용하는 것들을 정리하여 추상화해보면 위와 같이 결과를 정리할 수 있습니다. 관찰과 추상화 내용을 바탕으로 본 문제 해결에 필요한 핵심 요소를 간추리고 구조화해보면 다음과 같이 나타낼 수 있습니다.

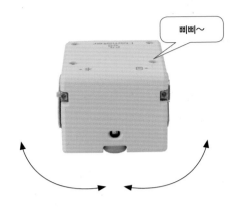

① 웃는 표정, 화나는 표정, 슬픈 표정, 당황한 표정에 따라 눈의 모양을 다르게 한다.
② 표정에 따라 몸의 동작을 한다.
③ 표정에 따라 어울리는 소리를 낸다.

관찰과 추상화, 문제 구조화를 바탕으로 햄스터 로봇이 표현할 수 있는 동작과 연계하여 문제를 정의하면
다음과 같이 정리할 수 있습니다.

> **모터를 작동시켜 몸이나 얼굴을 움직이며,**
> **LED와 버저로 색과 음성을 표현한다.**

(2) 문제 해결하기

문제 해결을 위해 구조화했던 내용 중에서 각 표정들을 로봇이 어떻게 표현할지 분석하여 프로그램을 설
계합니다. 표정은 사람마다 다양하나 웃는 표정, 화나는 표정, 슬픈 표정, 당황한 표정으로만 한정하여 나
타내려고 합니다. 표정별로 다양한 형태의 얼굴 변화가 있으나 추상화 과정에서 로봇이 표현할 수 있는 눈
과 얼굴의 움직임, 음성으로 형태를 추상화했습니다. 따라서 4개의 표정을 각각 눈과 얼굴의 움직임, 음성
으로 분석하면 다음과 같습니다.

표정	눈	얼굴 움직임	음성
웃는 표정	눈꼬리가 내려가고 따뜻한 느낌을 줌	얼굴을 뒤로 젖히며 웃는 모습	높은 소리가 띄엄띄엄 울림
화나는 표정	눈이 커지고 매서운 느낌을 줌	얼굴이 점점 앞으로 당겨짐	높은 소리가 빠르게 울림
슬픈 표정	눈이 감기며 차가운 느낌을 줌	얼굴을 가로 저으며 흔드는 모습	낮은 음이 주기적으로 울렸다 꺼졌다 반복함
당황한 표정	눈이 흔들림 놀라워하는 느낌을 줌	얼굴을 덜덜 떠는 모습	말을 못함

표정	눈	로봇으로 표현하기
웃는 표정	눈꼬리가 내려가고 따뜻한 느낌을 줌	따뜻한 느낌의 자주색 LED
화나는 표정	눈이 커지고 매서운 느낌을 줌	매서운 느낌의 빨간색 LED
슬픈 표정	눈이 감기며 차가운 느낌을 줌	슬픈 느낌의 파란색 LED
당황한 표정	눈이 흔들리며 놀라워하는 느낌을 줌	놀라워하는 느낌의 하얀색 LED

표정	얼굴 움직임	로봇으로 표현하기
웃는 표정	얼굴을 뒤로 젖히며 웃는 모습	뒤로 이동하였다고 잠시 대기 후 앞으로 이동하기
화나는 표정	얼굴이 점점 앞으로 당겨짐	앞으로 천천히 이동하다가 대기하는 과정을 반복함
슬픈 표정	얼굴을 가로저으며 흔드는 모습	제자리에서 천천히 오른쪽 왼쪽으로 회전함
당황한 표정	얼굴을 덜덜 떠는 모습	제자리에서 좌우로 흔들며 뒤로 이동하기

표정	음성	로봇으로 표현하기
웃는 표정	높은 소리가 띄엄띄엄 울림	높은 버저 음을 1초 간격으로 울림
화나는 표정	높은 소리가 빠르게 울림	높은 버저 음을 0.5초 간격으로 울림
슬픈 표정	높고 낮음 음이 주기적으로 울렸다 꺼졌다 반복함	높고 낮은 버저 음을 1초 간격으로 울림
당황한 표정	말을 못함	소리 없음

정리한 동작을 실제 로봇이 표현할 동작으로 나타내면 다음과 같습니다.

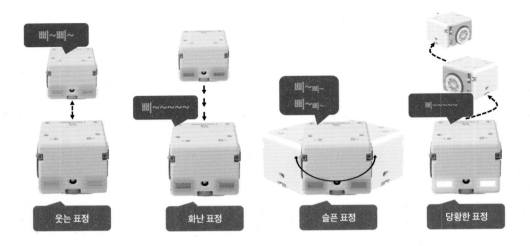

분석한 결과를 바탕으로 로봇이 직접 동작할 수 있도록 각각의 표정별로 알고리즘을 구성하고 다음과 같이 프로그램을 작성할 수 있습니다.

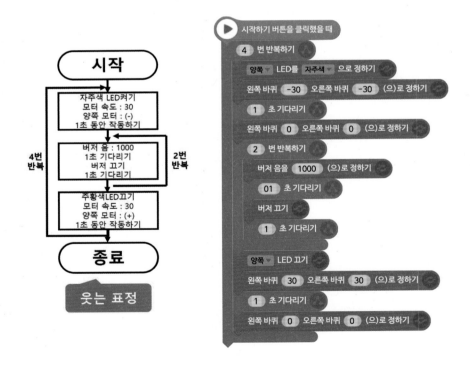

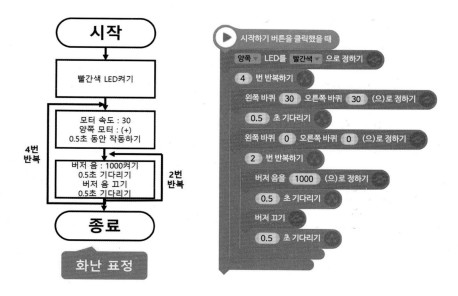

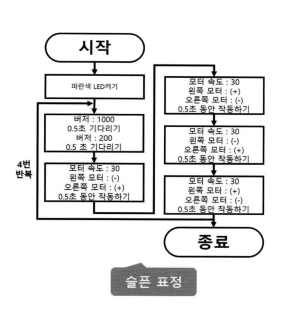

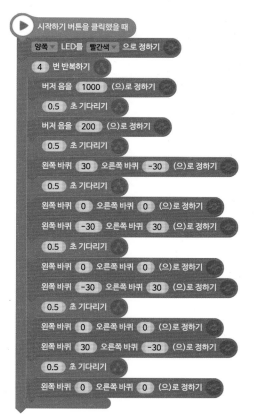

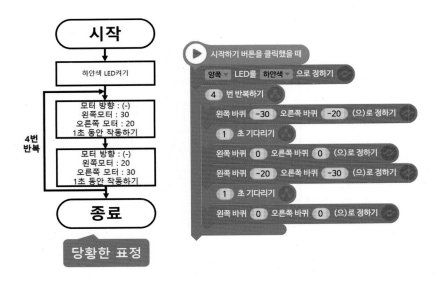

작성된 프로그램을 실행하여 로봇의 동작을 살펴본 다음, 로봇이 각각의 표정 움직임에 맞게 동작하는지 실험해보도록 합니다. 표정을 다양하게 변화시키고자 할 때는 표정 분석을 통해 로봇의 동작과 연관지어 다시 표현 방법을 찾아 프로그램을 구현합니다.

다음과 같이 동작을 확장하려면 어떻게 프로그래밍 해야 할까요?

햄스터 로봇이 윙크를 하면서 즐겁게 춤을 추는 듯한 모습을 표현하려면 어떻게 해야 할까요?

(로봇이 윙크를 하려면 한쪽의 LED만 켜고 춤을 추듯 다양하게 회전을 하도록 동작을 표현할 수 있습니다.)

〈예시 프로그램〉

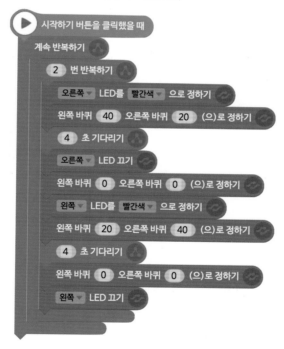

이동 및 표현 방법을 이용한 미션 수행

- 해결할 문제를 로봇이 표현할 과정별로 나눠 생각할 수 있다.
- 로봇의 이동 및 표현 방법을 이용하여 구간별 프로그램을 만들 수 있다.
- 문제를 로봇이 해결할 수 있는 형태로 구조화하는 태도를 갖는다.

자동차는 사람들을 편리하게 이동시키는 교통수단입니다. 수많은 자동차들이 도로 위를 다니면서 교통사고가 많이 발생하고 있습니다. 교통사고를 예방하기 위해 교통법규를 만들었고 운전자는 교통법규를 지키며 운전하도록 하고 있습니다. 비단 교통법규뿐만 아니라 일상생활에서는 도로 구간별로 전조등을 켜거나 사고를 예방하기 위해 미리 경적을 울리는 등의 생활 속 자동차 에티켓을 지켜야 하는 경우도 있습니다.

자동차를 운전하면서 특정 구간이나 지역에서 안전을 위해 특정 동작을 하는 것처럼 로봇이 이동하다가 특정 구간에서 새로운 동작을 표현하거나 새로운 문제를 해결하는 등의 미션을 해결하는 교육 활동을 할 수 있습니다.

〈터널에서는 전조등을 켜는 자동차〉

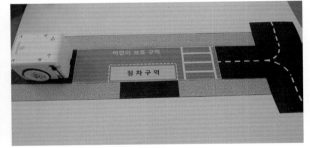
〈구간별로 동작을 표현하는 햄스터 로봇〉

[출처] https://ko.wikipedia.org/wiki/%ED%8C%8C%EC%9D%
BC:Goega_Bridge_Submarine_tunnel.jpg)

이번 활동에서는 학교 앞을 지나는 자동차의 동작을 관찰하여 햄스터 로봇이 구간별로 약속된 동작을 하도록 프로그램을 구현하는 과정을 알아보도록 하겠습니다. 이 활동을 위해서는 햄스터 로봇과 로봇이 해결할 문제가 인쇄된 활동지가 필요합니다. 활동지는 활동 주제나 내용에 따라 다른 형태로 제공 가능합니다.

(1) 문제를 정의하고 표현해봅시다.

이번 활동에서는 학교 앞의 어린이 안전 구역에서 자동차들이 교통법규를 지켜야 하는 것처럼 로봇이 특정 구역을 지나갈 때 약속된 동작을 하도록 표현하는 것이 주요 활동입니다. 학교 앞의 어린이 안전 구역에서 자동차의 동작을 관찰해보면 어린이 안전 구역에 들어서면 속도를 30 이하로 유지해야 하며 위험 신호를 알리기 위해 경적을 울리기도 합니다.

〈어린이 안전 구역〉

[출처] http://www.wbkn.tv/news/photo/201301/5081_14466_2951.jpg

동작 중에서 햄스터 로봇으로 나타내고 싶은 부분을 자세히 관찰해보면 다음과 같은 내용을 확인할 수 있습니다.

[관찰]

- 어린이 보호 구역에서는 속도를 30으로 줄인다.
- 도로 위로 뛰어드는 아이들을 대비하여 경적을 울린다.
- 정차해야 하는 경우 방향지시등을 켠다.
- 정차 후 출발을 해야 하는 경우 출발 방향으로 방향지시등을 켠다.

[추상화]

지정된 구간에서
- 속도를 줄인다.
- 경적을 울린다.
- 방향지시등을 켠다.

관찰을 통해 정리한 내용을 살펴보면 문제 해결에 필요한 핵심 요소는 로봇이 이동하다가 정해진 구간에서는 약속된 동작을 취하는 것입니다. 이를 구조화하여 표현하면 다음과 같이 나타낼 수 있습니다.

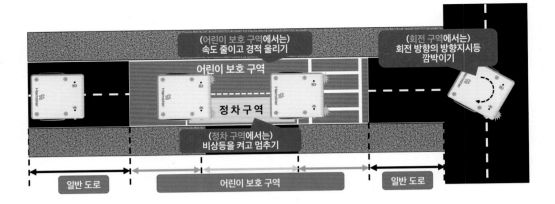

① 일반 도로에서는 일정 속도로 이동한다.

② 어린이 보호 구역에 들어서면 속도를 줄이고 경적을 울린다.

③ 어린이 보호 구역 안의 정차 구역에서는 비상등을 켜고 멈추며 정차 구역을 벗어나면 비상등을 끈다.

④ 어린이 보호 구역을 벗어나면 다시 속도를 올린다.

⑤ 회전 구간에서는 회전 방향으로 방향지시등을 깜박이며 회전한다.

실제 어린이 안전 구역을 이동하는 자동차의 동작 과정에는 주변 상황에 따라서 여러 가지 동작들을 취하지만 모든 동작을 표현하기에는 어려움이 있어 햄스터 로봇이 할 수 있는 동작으로만 제한합니다. 따라서 추상화한 내용과 문제 분해 내용을 바탕으로 문제를 정의하면 다음과 같이 정리해볼 수 있습니다.

> **특정 구간에서는 로봇이 정해진 동작을 표현한다.**

(2) 문제 해결하기

문제 해결을 위해 구조화한 내용에 따라 구간별로 문제를 해결하기 위한 동작을 분석하여 프로그램을 설계해야 합니다. 앞에서 정의한 것에 따라 일반 도로에서 로봇이 표현해야 할 동작과 어린이 보호 구역에서 표현해야 할 동작, 정차 구간에서 표현해야 할 동작, 회전 구간에서 표현해야 할 동작을 분석하여 봅시다.

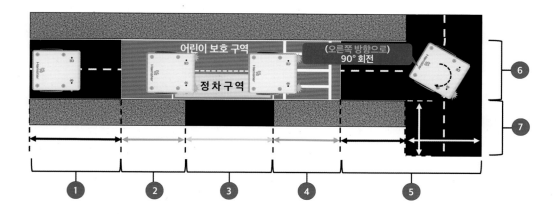

다음으로 문제를 해결해야 하는 구간별로 로봇이 이동해야 할 거리 및 회전 각도를 측정합니다.

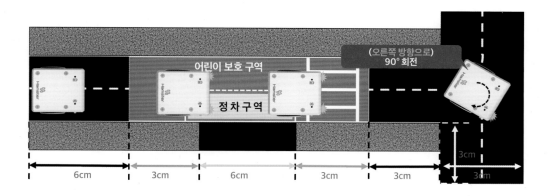

여기서는 로봇이 1초에 3cm를 이동하고, 1초에 90°를 회전하는 것으로 약속한 상태에서 문제를 해결하고 자 합니다.

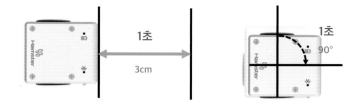

로봇이 표현해야 할 동작별로 도로의 구간을 나눠서 이동할 거리와 회전할 각도를 측정한 결과 다음과 같은 결과를 얻었습니다. 결과를 바탕으로 구간별로 로봇의 모터 작동 시간을 설정하면 다음과 같습니다.

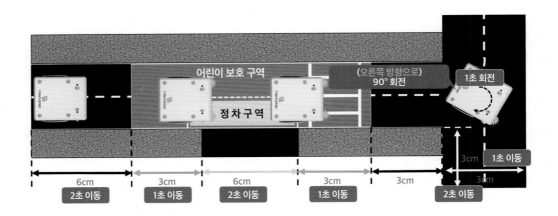

구간별로 로봇의 이동 과정에 필요한 데이터를 측정하여 표현할 동작을 찾을 수 있었습니다. 그다음으로 구간별로 로봇이 취해야 할 동작을 로봇의 표현 방법을 적용해야 합니다. 예를 들어 어린이 보호 구역에서는 속도를 줄이고, 버저를 울려야 합니다. 또한 정차 구역에 들어서면 비상등 효과를 얻기 위해 LED를 깜빡여야 합니다. 위와 같이 로봇이 각 구간별로 약속된 동작을 할 수 있도록 구간별 표현 동작을 정리하면 다음과 같습니다.

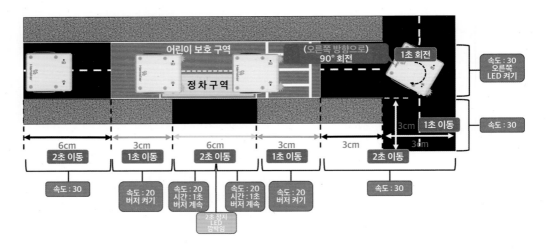

분석 결과를 바탕으로 프로그램을 위한 순서도를 설계하고 구간별로 프로그램을 다음과 같이 작성할 수 있습니다.

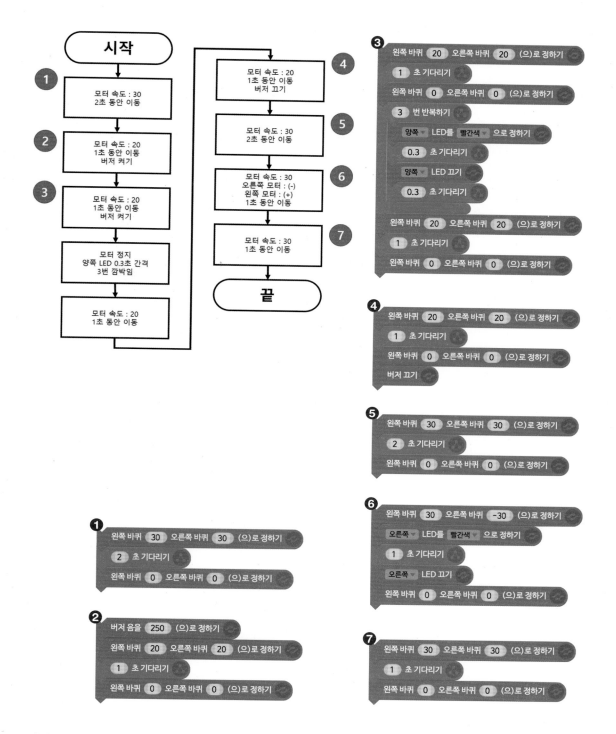

전체 구간에서 로봇이 이동해야 하는 구간별로 이동 순서를 고려하여 구간별 프로그램을 순서대로 연결 지어 전체 프로그램을 완성합니다. 완성된 프로그램을 실행하여 로봇의 동작을 살펴본 다음, 프로그램의 작성 의도에 맞게 동작하는지 구현하고 실험해봅니다.

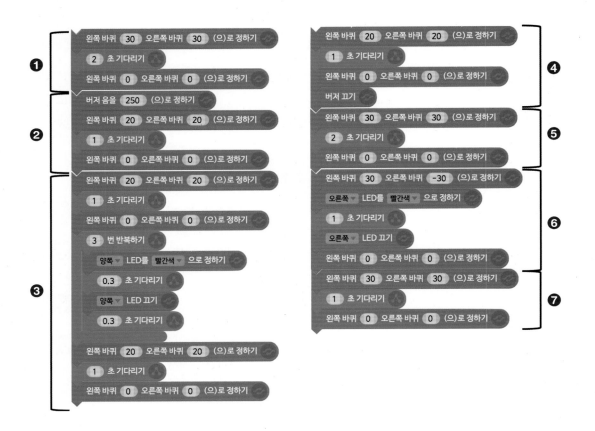

❶
- 왼쪽 바퀴 30 오른쪽 바퀴 30 (으)로 정하기
- 2 초 기다리기
- 왼쪽 바퀴 0 오른쪽 바퀴 0 (으)로 정하기

❷
- 버저 음을 250 (으)로 정하기
- 왼쪽 바퀴 20 오른쪽 바퀴 20 (으)로 정하기
- 1 초 기다리기
- 왼쪽 바퀴 0 오른쪽 바퀴 0 (으)로 정하기

❸
- 왼쪽 바퀴 20 오른쪽 바퀴 20 (으)로 정하기
- 1 초 기다리기
- 왼쪽 바퀴 0 오른쪽 바퀴 0 (으)로 정하기
- 3 번 반복하기
  - 양쪽 LED를 빨간색 으로 정하기
  - 0.3 초 기다리기
  - 양쪽 LED 끄기
  - 0.3 초 기다리기
- 왼쪽 바퀴 20 오른쪽 바퀴 20 (으)로 정하기
- 1 초 기다리기
- 왼쪽 바퀴 0 오른쪽 바퀴 0 (으)로 정하기

❹
- 왼쪽 바퀴 20 오른쪽 바퀴 20 (으)로 정하기
- 1 초 기다리기
- 왼쪽 바퀴 0 오른쪽 바퀴 0 (으)로 정하기
- 버저 끄기

❺
- 왼쪽 바퀴 30 오른쪽 바퀴 30 (으)로 정하기
- 2 초 기다리기
- 왼쪽 바퀴 0 오른쪽 바퀴 0 (으)로 정하기

❻
- 왼쪽 바퀴 30 오른쪽 바퀴 -30 (으)로 정하기
- 오른쪽 LED를 빨간색 으로 정하기
- 1 초 기다리기
- 오른쪽 LED 끄기
- 왼쪽 바퀴 0 오른쪽 바퀴 0 (으)로 정하기

❼
- 왼쪽 바퀴 30 오른쪽 바퀴 30 (으)로 정하기
- 1 초 기다리기
- 왼쪽 바퀴 0 오른쪽 바퀴 0 (으)로 정하기

해결해야 할 문제를 바꾸거나 이동 구간에서 로봇이 반드시 표현해야 할 동작을 바꾼다면 로봇이 더욱 더 다양한 동작을 할 수 있습니다.

다음과 같이 동작을 확장하려면 어떻게 프로그래밍 해야 할까요?

햄스터 로봇이 회전하는 구간별로 회전 방향 쪽의 LED를 켜고 회전하려면 어떻게 해야 할까요?

(회전 구간을 찾아보고 회전 구간에서 회전을 하는 동안 LED를 켜고 회전이 완료되면 LED를 끄도록 프로그램을 구현합니다.)

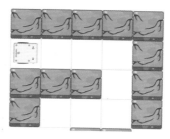

〈예시 문제〉

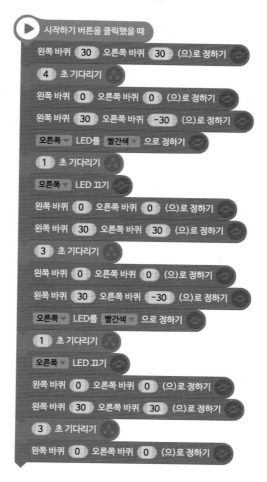

05 빛 센서를 이용한 LED와 버저 동작하기

- 로봇의 센서를 사용하여 상황에 맞게 작동하는 과정을 이해할 수 있다.
- 햄스터 로봇의 빛 센서를 이용하여 LED와 버저를 동작하는 프로그램을 만들 수 있다.
- 로봇을 활용하여 문제를 해결하기 위해 문제를 구조화하는 태도를 갖는다.

야간에 길을 걷다 보면 해가 져서 어두워질 때 가로수 조명등이 켜지는 모습을 볼 수 있습니다. 또한, 자동차의 전조등은 자동차 전면에 비추는 햇빛의 양에 따라 자동차의 전조등이 켜지고 꺼지는 기능이 포함된 것을 볼 수 있습니다. 이 2가지 모두 빛 센서를 활용하여 특정 기능이 작동하도록 되어있는 소프트웨어 개발 사례로 볼 수 있습니다.

로봇 활용 소프트웨어 수업에서 센서를 이용할 경우 학생들의 흥미를 불러일으키고 학습 참여도 매우 높은 경우를 볼 수 있습니다. 특히, 로봇의 센서를 이용하면 모터의 힘과 시간만으로 동작하던 로봇에 다양한 선택 구조를 적용한 프로그램을 할 수 있어서 다양한 프로그램 작성이 가능합니다.

〈주변 빛에 따라 자동으로 켜지는 자동차 전조등〉

〈빛 센서에 따라 반응하는 햄스터 로봇〉

이번 활동에서는 햄스터 로봇이 가지고 빛 센서를 활용하여 빛 센서의 값에 따라 특정한 동작을 하는 프로그램을 만들어 보겠습니다. 이를 위해 빛의 양에 따라 자동차의 전조등이 변하는 과정을 관찰한 후 동작 과정을 분해하여 햄스터 로봇이 동작할 수 있도록 구현하는 과정을 알아보겠습니다.

이 활동을 위해서는 햄스터 로봇과 햄스터 로봇의 빛 센서를 동작시킬 수 있도록 LED 조명(휴대폰의 조명 기능)이 필요합니다.

(1) 문제를 정의하고 표현해봅시다.

이번 활동에서는 주변의 밝기에 따라 자동차의 전조등이 변하는 모습을 햄스터 로봇으로 표현하려고 합니다. 이를 위해서 자동차의 전조등 작동 과정을 관찰해보면 밝은 곳에서는 불이 꺼지고 터널과 같이 어둡거나 밤이 되면 전조등이 켜지는 모습을 볼 수 있습니다.

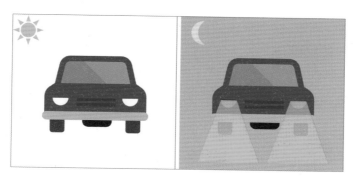

〈낮과 밤의 자동차 전조등 모습〉

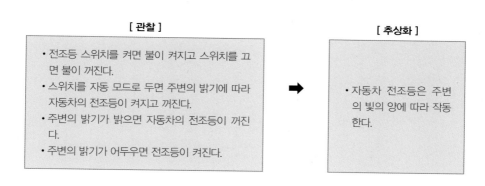

[관찰]
- 전조등 스위치를 켜면 불이 켜지고 스위치를 끄면 불이 꺼진다.
- 스위치를 자동 모드로 두면 주변의 밝기에 따라 자동차의 전조등이 켜지고 꺼진다.
- 주변의 밝기가 밝으면 자동차의 전조등이 꺼진다.
- 주변의 밝기가 어두우면 전조등이 켜진다.

[추상화]
- 자동차 전조등은 주변의 빛의 양에 따라 작동한다.

문제를 해결하기 위하여 해결하고 싶은 문제를 정의하기 위해서 문제를 조금 더 자세히 살펴보면 다음과 같이 문제를 분해하여 살펴볼 수 있습니다.

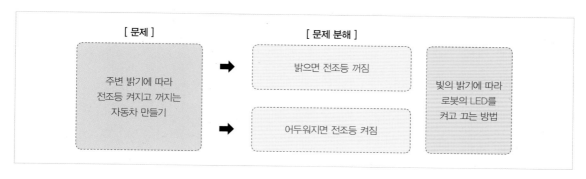

[문제]
주변 밝기에 따라 전조등 켜지고 꺼지는 자동차 만들기

[문제 분해]
밝으면 전조등 꺼짐

어두워지면 전조등 켜짐

빛의 밝기에 따라 로봇의 LED를 켜고 끄는 방법

문제 해결에 필요한 핵심 요소는 로봇의 빛 센서를 활용하여 주변의 빛이 어둡고 밝은 정도를 비교하는 과정과 로봇의 LED를 켜고 끄는 과정입니다. 분해한 문제를 구조화하여 표현하면 다음과 같이 나타낼 수 있습니다.

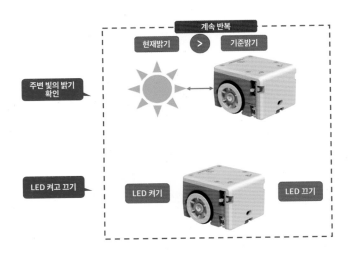

① 로봇의 빛 센서로 밝고 어두운 정도를 비교하기 위한 기준값을 정한다.
② 기준값과 현재 측정되는 밝기값을 비교한다.
③ 기준이 되는 밝기보다 현재 밝기가 밝으면 LED 끄고, 그렇지 않으면 LED를 켠다.

관찰과 추상화, 문제 구조화를 바탕으로 문제를 조금 더 구체적으로 정의해보면 다음과 같습니다.

> **주변의 빛의 양을 빛 센서로 감지하여**
> **일정한 빛의 밝기를 기준으로 전조등을 켜고 끈다.**

(2) 문제 해결하기

먼저 문제 구조화 과정에 따라 로봇이 주변의 빛의 양이 밝거나 어두운 정도를 판단할 수 있도록 빛 센서를 사용하여 감지하는 과정을 분석합니다.

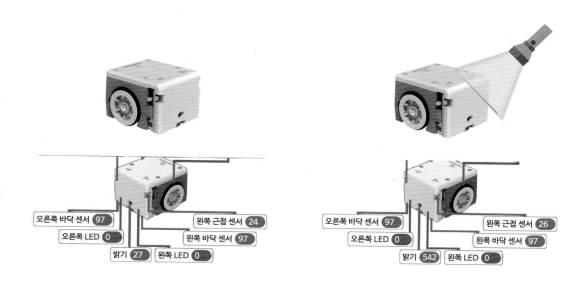

햄스터 로봇의 빛 센서의 값의 범위는 0~65,535이며, 밝을수록 값이 커집니다. 엔트리에서는 피지컬 컴퓨팅과 같은 하드웨어를 연결하면 하드웨어의 센서로부터 측정되는 데이터를 엔트리 프로그램상에서 바로 볼 수 있습니다. 위의 사진은 햄스터 로봇이 엔트리 프로그램에 연결되었을 때 측정되는 센서값의 일부분입니다. 해결해야 할 문제가 주변 빛의 양에 따라 전조등이 켜지고 꺼지는 자동차의 동작을 햄스터 로봇으로 구현하는 것이기 때문에 여러 센서의 측정값 중 밝기 센서의 값을 확인하면 됩니다. 센서의 값은 주변 환경에 따라 달라질 수 있지만, 측정 결과 빛이 없을 때는 100 이하가 측정되고 빛이 있을 때는 500 이상으로 측정되고 있습니다.

분석 결과를 통해 햄스터 로봇이 주변 밝기가 "어둡다"와 "밝다"라고 판단할 수 있는 밝기의 기준값을 설정하면 500 정도로 볼 수 있습니다. 물론 햄스터 로봇은 최대 65,535까지 밝기를 세밀하게 측정할 수 있지만 햄스터 로봇이 주변 빛이 '어둡다'와 '밝다'를 구별할 수 있는 정도의 기준만 설정해서 LED를 켜고 끄도록 하면 되기 때문에 어둠에서 밝으므로 넘어갈 때의 값을 기준으로 정하면 됩니다.

분석 결과를 바탕으로 다음과 같은 가설을 설정할 수 있습니다.

가설 설정	밝기값이 500보다 작으면 어두워서 LED를 켜고, 500보다 크면 밝아서 LED를 끄도록 하면 문제를 해결할 수 있을 것이다.

설정한 가설을 토대로 햄스터 로봇이 표현할 동작을 순서도를 구성합니다.

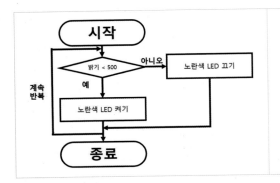

빛 센서를 통해 측정한 밝기값이 500보다 작으면 주변 환경이 어두운 것으로 간주하고 전조등을 켜고(노란색 LED 켜기), 밝기값이 500보다 크면 밝은 것으로 간주하고 전조등을 끄도록(노란색 LED 끄기) 합니다.

tip 햄스터 로봇의 센서 데이터를 사용하기 위한 엔트리 명령 블록
엔트리 프로그램으로 햄스터 로봇의 센서에 측정된 값을 사용하기 위해서는 다음의 명령 블록을 이용하여 측정된 값을 확인할 수 있습니다.

햄스터 로봇에서 측정된 모든 센서값은 옆의 블록을 실시간을 데이터가 저장됩니다. 또한 화살표를 클릭하면 다른 센서로 변경하여 사용 가능합니다.

햄스터 로봇에서 측정된 센서값은 바로 사용하거나 계산을 하여 필요한 형태의 값으로 변형할 수 있습니다. 옆 블록은 측정된 센서값을 기준값과 비교하기 위해서는 사용하는 판단 명령 블록입니다.

로봇이 조건에 따라 다른 동작을 하기 위해서는 옆에서 보는 바와 같이 조건이 성립할 때와 그렇지 않을 때에 각각 로봇이 동작할 명령을 할 수 있는 선택 명령 블록이 사용됩니다.

알고리즘에 따라 프로그램을 설계하고 햄스터 로봇으로 작동이 되는지 실험합니다.

센서는 실시간으로 주변 환경의 데이터를 측정하기 때문에 센서를 사용하여 로봇을 작동시키기 위해서는 로봇이 주변 환경을 계속 판단할 수 있도록 '계속 반복하기' 블록을 사용하여 전체 프로그램을 계속 반복하도록 해야 합니다.

작성된 프로그램을 실행하여 로봇의 동작을 살펴본 다음, 프로그램의 작성 의도에 맞게 동작하는지 확인합니다. 주변 밝기에 따라서 LED를 켜고 끄도록 명령하는 것뿐만 아니라 다른 명령 블록을 통해 로봇의 표현 방법을 바꿔 볼 수도 있습니다.

스스로 해보기

다음과 같이 동작을 확장하려면 어떻게 프로그래밍 해야 할까요?

햄스터 로봇이 어두워지면 버저를 끄고 밝으면 버저가 울리도록 하려면 어떻게 해야 할까요?

(빛 센서를 통해 주변 밝기를 확인하고 어둠과 밝음의 기준값을 설정한 후 기준값보다 크면 간격을 두고 버저를 켜고 끄도록 하고 기준값보다 적으면 버저를 끄도록 할 수 있습니다.)

06 근접 센서를 이용한 로봇의 이동과 정지

· 자동차의 후방 감지 센서가 작동하는 과정을 관찰하여 작동 원리를 이해할 수 있다.
· 햄스터 로봇을 이용하여 자동 주차 프로그램을 만들 수 있다.
· 로봇을 활용하여 문제를 해결하기 위해 문제를 구조화하는 태도를 갖는다.

운전자는 자동차를 주차할 때 차의 뒷면에 부착된 센서의 도움을 받습니다. 자동차의 뒷면에 부착된 센서는 운전자의 눈으로 보지 못하는 공간의 상태에 대해서 운전자에게 신호음이나 거리값으로 알려줌으로써 운전자를 도와주고 있습니다. 또한 사람들이 일정한 거리에 가까이 오면 문을 스스로 열어주는 자동문을 보면 자동차의 후방 감지 센서와 비슷한 원리가 사용되었다는 사실을 알 수 있습니다.

자동차의 후방 감지 센서에 사용된 근접 센서는 초음파 원리를 적용하여 원점에서 쏘아진 초음파가 반사되어 돌아오는 시간을 계산하여 거리값으로 확인할 수 있습니다. 근접 센서를 활용하여 일정한 거리에 도달할 때까지 로봇을 동작시키는 활동이나 장애물이 유무에 따라 특정 기능이 작동하도록 프로그램을 만들어보는 교육 활동을 할 수 있습니다.

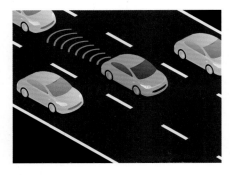

〈자동차의 후방 감지 센서〉

〈장애물을 감지하는 햄스터 로봇〉

이번 활동에서는 차량에 부착된 근접 센서가 주차할 때 어떻게 운전자에게 안전을 경고하는지 분석해보고 운전자에게 위험을 경고하고 자동 정지하는 프로그램을 햄스터 로봇을 활용하여 구현해보도록 하겠습니다. 이 활동을 위해서는 햄스터 로봇과 장애물용 나무 블록이나 장애물 벽이 필요합니다.

(1) 문제를 정의하고 표현해봅시다.

문제를 해결하기 위해서는 운전자가 차를 주차하는 과정에서 자동차에서 일어나는 동작 과정을 관찰하고, 로봇으로 표현하고 싶은 내용을 추상화한 다음, 햄스터 로봇으로 표현하기 위해 문제를 구조화하는 과정을 차례로 거쳐야 합니다.

먼저 주차하는 자동차의 모습을 관찰해보면 운전자가 천천히 주차 장소로 차를 이동시키면 차는 주변의 벽을 감지하고 운전자에게 위험을 안내하는 소리를 발생하는 것을 볼 수 있습니다. 햄스터 로봇으로 표현하기 위해 더 자세히 관찰해보면 다음과 같은 내용을 확인할 수 있습니다.

〈주차하는 자동차의 모습〉

[관찰]

- 자동차가 벽 쪽으로 움직인다.
- 자동차가 벽과 일정한 거리가 되면 경고음이 울리기 시작한다.
- 자동차가 벽과 점점 가까워지면 경고음이 더 빠르게 울린다.
- 자동차가 벽과의 거리가 매우 가까워지면 경고음이 계속 울린다.

→

[추상화]

- 로봇이 벽과 거리가 가깝거나 멀다고 판단할 수 있어야 한다.
- 벽과의 거리에 따라 로봇이 신호를 다르게 해야 한다.

문제를 해결하기 위하여 추상화 한 내용을 바탕으로 이번 활동에서 해결하고 싶은 문제를 다음과 같이 분해하여 살펴볼 수 있습니다.

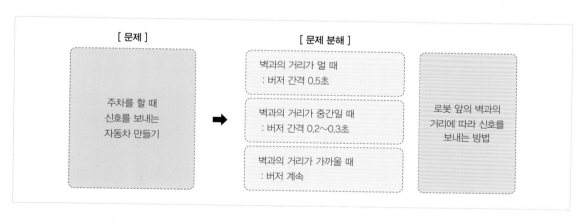

[문제]

주차를 할 때
신호를 보내는
자동차 만들기

→

[문제 분해]

벽과의 거리가 멀 때
: 버저 간격 0.5초

벽과의 거리가 중간일 때
: 버저 간격 0.2~0.3초

벽과의 거리가 가까울 때
: 버저 계속

로봇 앞의 벽과의
거리에 따라 신호를
보내는 방법

관찰 내용과 분해된 문제를 살펴보면 본 문제 해결에 필요한 핵심 요소는 로봇 주변의 장애물을 감지하는 방법, 장애물과의 거리에 따라 신호를 다르게 하는 것이고 이를 다음과 같이 정리할 수 있습니다.

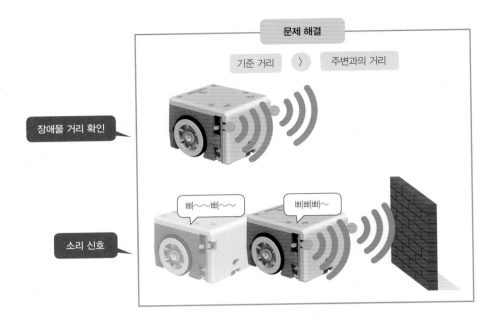

① 로봇의 근접 센서로 벽과의 거리를 멀 때, 중간일 때, 가까울 때의 기준값을 정한다.
② 기준값과 측정값을 비교하여 거리가 멀 때, 중간일 때, 가까울 때인지 확인한다.
③ 거리가 멀 때, 중간일 때, 가까울 때를 구분하는 특정 소리 신호를 낸다.

관찰과 추상화, 문제 구조화를 바탕으로 문제를 다음과 같이 정의해볼 수 있습니다.

> **햄스터 로봇의 근접 센서로 벽과의 거리를 확인한 후**
> **벽과의 거리에 따라 버저 신호를 다르게 한다.**

(2) 문제 해결하기

구조화한 내용에 따라 햄스터 로봇의 근접 센서가 어떻게 물체와의 거리를 측정하는지 분석하여 봅시다.
햄스터 로봇의 근접 센서는 왼쪽, 오른쪽 2개의 센서가 있고, 각 센서에서 적외선 센서가 물체에 반사되어
들어오는 값을 사용하여 물체와의 거리값을 측정합니다.

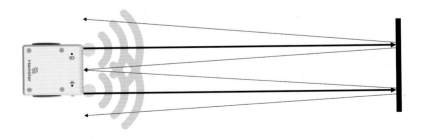

물체 크기나 모양에 따라 반사되어 돌아오는 측정값이 달라지지만, 일반적인 평편한 모양의 장애물을 사용하여 거리마다 반사되어 들어오는 측정값을 확인하며 분석합니다.

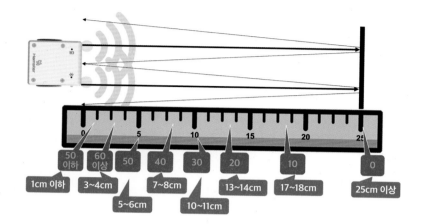

측정 결과 물체가 점점 가까워질수록 측정값이 커지다가 1cm 이하로 가깝게 오면 오히려 값이 작아지는 것을 확인할 수 있습니다. 따라서 문제를 해결하기 위해서는 1cm 이상의 거리에서 거리마다 로봇이 작동하도록 알고리즘을 설계해야 합니다. 문제 구조화에서 거리에 따라 소리 신호를 다르게 보내기로 하였기 때문에 앞서 측정한 결과를 토대로 측정값에 따라 버저가 켜지고 꺼지는 시간 간격을 조정하도록 표현할 수 있습니다.

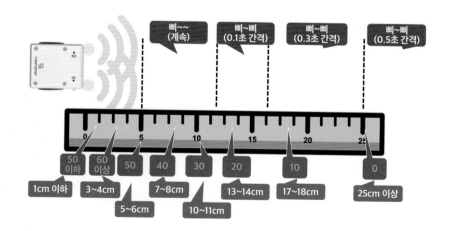

분석 결과를 바탕으로 다음과 같은 가설을 설정할 수 있습니다.

가설 설정	근접 센서의 측정값이 0, 15, 30, 50일 때마다 로봇의 버저가 울리는 간격을 다르게 하면 문제가 해결될 것이다.

가설에 따라 순서도를 설계하고 프로그램을 다음과 같이 작성할 수 있습니다.

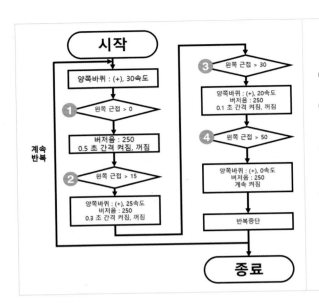

❶ 왼쪽 근접 센서가 0보다 크면
버저음이 0.5초 간격으로 켜지고 꺼짐

❷ 왼쪽 근접 센서가 15보다 크면
모터 속도를 25로 줄임
버저음이 0.3초 간격으로 켜지고 꺼짐

❸ 왼쪽 근접 센서가 30보다 크면
모터 속도를 20으로 줄임
버저음이 0.1초 간격으로 켜지고 꺼짐

❹ 왼쪽 근접 센서가 50보다 크면
모터 속도를 0으로 정함
버저음이 계속 울림
반복 중단

tip
❹번에서 모든 반복 중단하기 명령을 넣은 까닭은?
로봇은 기준값에 따라 선택된 동작을 계속 반복하게 되어 있습니다. 햄스터 로봇의 근접 센서가 50보다 크면 거리가 5cm 이내로 가까워진 것으로 보고 모든 동작을 멈춰야 하는데 계속 반복 때문에 멈추지 않고 계속 앞으로 이동합니다. 따라서 50보다 큰 경우에는 모든 반복을 중단하고 정지하도록 설계할 수 있습니다.

반복 중단하기

만일 〈 왼쪽 근접 센서 ▼ 〉 > 30 〉 이라면
왼쪽 바퀴 20 오른쪽 바퀴 20 (으)로 정하기
버저 음을 250 (으)로 정하기
0.1 초 기다리기
버저 끄기
0.1 초 기다리기

만일 〈 왼쪽 근접 센서 ▼ 〉 > 50 〉 이라면
왼쪽 바퀴 0 오른쪽 바퀴 0 (으)로 정하기
버저 음을 250 (으)로 정하기
반복 중단하기

시작하기 버튼을 클릭했을 때
계속 반복하기
왼쪽 바퀴 30 오른쪽 바퀴 30 (으)로 정하기
만일 〈 왼쪽 근접 센서 ▼ 〉 > 0 〉 이라면
버저 음을 250 (으)로 정하기
0.5 초 기다리기
버저 끄기
0.5 초 기다리기
만일 〈 왼쪽 근접 센서 ▼ 〉 > 15 〉 이라면
왼쪽 바퀴 25 오른쪽 바퀴 25 (으)로 정하기
버저 음을 250 (으)로 정하기
0.3 초 기다리기
버저 끄기
0.3 초 기다리기

작성된 프로그램을 실행하여 로봇의 동작을 살펴봅니다. 제시된 프로그램에는 1개의 근접 센서로 거리를 측정합니다. 하지만 로봇이 2개의 근접 센서를 가지고 있기 때문에 보다 정확하게 동작을 시키기 위해서는 2개의 센서로 모두 거리를 측정하도록 하도록 해야 합니다.

스스로 해보기

다음과 같이 동작을 확장하려면 어떻게 프로그래밍 해야 할까요?

햄스터 로봇은 2개의 근접 센서를 가지고 있습니다. 2개의 센서를 이용해 모두 측정할 수 있는 방법은 무엇일까요?

(2개의 조건이 각각 만족하는지를 서로 비교하기 위해 논리 블록이 필요합니다.)

07 근접 센서를 이용하여 청소 로봇 만들기

- 근접 센서의 원리를 탐구하여 문제를 해결하기 위한 요소를 찾아내는 과정을 이해할 수 있습니다.
- 햄스터 로봇을 이용하여 청소 로봇 프로그램을 만들 수 있다.
- 로봇을 활용하여 문제를 해결하기 위해 문제를 구조화하는 태도를 갖는다.

높은 빌딩의 옥상을 떨어지지 않고 청소하는 로봇 청소기 광고가 화제가 된 적이 있습니다. 로봇 청소기가 건물의 끝에서 멈춰선 후 다른 방향으로 회전하며 자유롭게 다른 지역으로 이동하는 모습을 보며 아슬아슬한 긴장감과 로봇이 어떻게 떨어지지 않고 청소를 할 수 있는지에 대한 사용된 기술에 대해 놀라웠습니다.

로봇 청소기에는 바닥의 유무를 감지하는 적외선 센서를 비롯해 전방의 장애물을 감지하는 근접 센서가 장착되어 있습니다. 로봇에 장착된 근접 센서를 사용하여 장애물을 감지하는 프로그램을 만들어보거나 적외선 센서를 사용하여 떨어지지 않는 로봇 청소기를 제작하는 프로그램을 구현하는 교육 활동이 이루어질 수 있습니다.

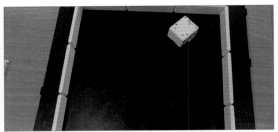

〈빌딩 옥상의 로봇 청소기〉 〈미로 안에서 청소를 하는 햄스터 로봇〉

[출처] http://img.etnews.com/photonews/1508/716887_20150824
132534_727_0001.jpg

이번 활동에서는 로봇 청소기가 주어진 공간에서 장애물을 감지하며 청소하는 과정을 관찰하고 분석한 내용을 토대로 벽을 피해 이동하는 로봇 청소기 프로그램을 구현해 햄스터 로봇이 로봇 청소기처럼 작동하도록 프로그램을 만들어 보도록 하겠습니다. 이 활동을 위해서는 햄스터 로봇과 시뮬레이션에서 사용될 장애물이 있는 미로판이 필요합니다.

(1) 문제를 정의하고 표현해봅시다.

햄스터 로봇이 로봇 청소기처럼 장애물을 감지하여 스스로 돌아다니면서 청소를 하는 동작을 표현하기 위해 로봇 청소기가 주변 장애물을 탐지하는 과정을 관찰해보면, 센서를 사용하여 장애물을 감지한 후 제자리에서 회전하거나 뒤로 이동한 후 회전하는 등의 모습을 관찰할 수 있습니다(https://pixabay.com).

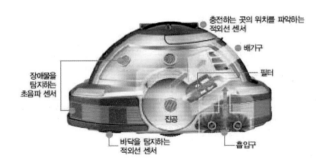

〈로봇 청소기의 구조〉

[관찰]		[추상화]
• 장애물이 없는 곳은 청소하면서 앞으로 이동한다. • 장애물이 있는 곳은 이동을 멈추고 바로 회전하거나 뒤로 이동한 후 다른 방향으로 회전한다. • 바닥에 매트와 같은 다른 지형지물이 있으면 천천히 이동하거나 청소기 모터를 더 빠르게 작동하여 먼지를 더 빨아들인다.	→	• 로봇 앞에 장애물이 있는지 없는지를 판단할 수 있어야 한다. • 장애물이 있을 때와 없을 때 로봇의 이동 과정을 다르게 해야 한다.

로봇 청소기는 여러 가지 센서가 장착되어 주변 환경으로부터 다양한 데이터를 수집해 적절한 동작을 하지만 햄스터 로봇은 가지고 있는 센서가 한정되어 여러 동작을 표현하기에는 한계가 있기 때문에 문제를 정의할 때 이 부분을 고려할 필요가 있습니다. 관찰과 추상화한 내용을 바탕으로 문제를 조금 더 자세히 분해하여 살펴보면 다음과 같습니다.

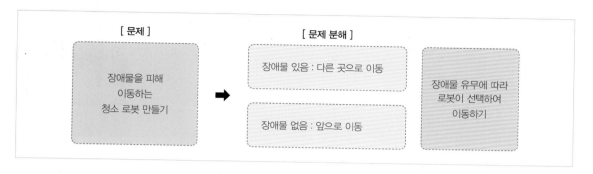

문제 해결에 필요한 핵심 요소는 근접 센서로 주변 장애물과의 거리를 확인하고 장애물과의 거리에 따라 모터를 동작시키는 과정입니다. 이를 구조화하여 표현하면 다음과 같이 나타낼 수 있습니다.

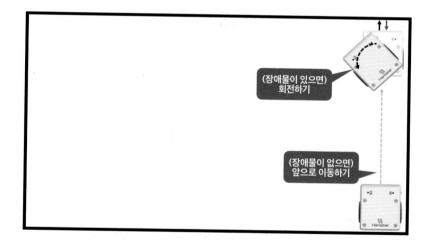

① 장애물이 있을 때와 없을 때를 구별하기 위한 기준값을 정한다.
② 장애물이 있으면 장애물이 없는 방향으로 회전한다.
③ 장애물이 없으면 앞으로 이동한다.

해결할 문제를 정의해보면 다음과 같습니다.

장애물이 없으면 앞으로 이동하고 있으면 다른 곳으로 이동한다.

(2) 문제 해결하기

구조화한 문제에 따라 문제를 해결하는 데 필요한 요소를 관찰하고 분석하여 봅시다. 먼저 로봇이 장애물을 감지하기 위해서는 근접 센서를 사용합니다. 햄스터 로봇이 근접 센서를 사용하여 장애물에 접근할 때 회전에 필요한 최소한의 거리를 먼저 측정해봅시다. 측정 결과 1~2cm 이내의 범위가 가장 회전하기 적당하며, 이에 따라 1~2cm 이내의 장애물에 접근했을 때의 근접 센서의 측정값은 대략 50~60 이상의 범위를 갖는다는 것을 관찰할 수 있습니다.

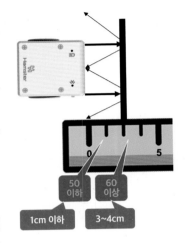

두 번째로 측정한 값을 로봇이 감지했을 때 얼마의 각도로 회전할지 분석해봅시다. 직사각형 구조의 방에서 로봇이 장애물을 감지하여 90°로 회전하면 로봇은 방 안쪽으로 오지 않고 방의 벽면을 따라서 계속 회전한다고 볼 수 있습니다. 따라서 90°로 회전하는 것보다는 90° 이상의 각도로 회전하는 것이 방 안까지 골고루 청소할 수 있다고 볼 수 있습니다.

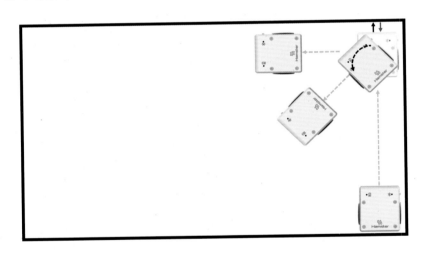

그렇다면 대각선으로 접근하는 로봇이 장애물을 감지한 후에는 어떻게 회전을 해야 할지 분석해봅시다. 처음 출발과 달리 대각선으로 이동하는 로봇은 장애물을 감지하는 센서가 양쪽이 아니라 다음 그림과 같이 한쪽 센서가 먼저 감지하게 됩니다.

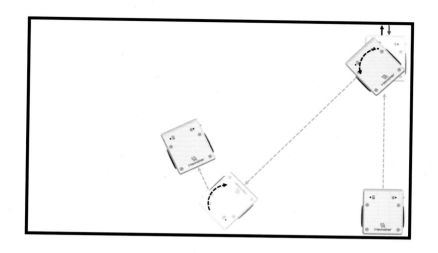

따라서 햄스터 로봇의 양쪽 센서가 어떤 센서가 먼저 감지하는지에 따라 방향을 설정해야 합니다. 햄스터 로봇은 근접 센서가 2개가 있기 때문에 왼쪽 근접 센서 쪽으로 장애물을 감지할 때, 오른쪽 근접 센서 쪽으로 장애물을 감지할 때, 2개의 센서 모두 장애물을 감지할 때, 장애물이 멀리 떨어져 있을 때(2개 센서의 감지 범위를 벗어났을 때)의 4가지 선택 상황이 있습니다.

정리하면 한쪽 방향이 먼저 감지하는 경우 다른 쪽 감지 센서가 있는 방향으로 90° 이상의 각으로 회전을 하면 문제를 해결할 수 있습니다. 분석 결과를 토대로 로봇 청소기의 동작을 표현하는 로봇을 만들기 위해서 다음과 같은 가설을 설정할 수 있습니다.

가설 설정	장애물을 먼저 감지하는 센서의 반대 방향으로 90°보다 큰 각도로 회전한 후 앞으로 이동하도록 하면 청소기 로봇의 동작을 표현할 수 있을 것이다.

다음으로 프로그램을 위한 순서도를 설계하고 각각의 프로그램을 다음과 같이 작성할 수 있습니다.

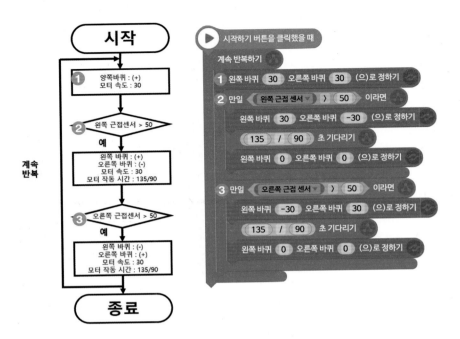

작성된 프로그램을 실행하여 햄스터 로봇이 정해진 구역 안에서 장애물을 감지하며 다양하게 이동하는지 동작을 관찰해보고 프로그램의 작성 의도에 맞게 동작하는지 실험해보도록 합니다. 프로그램을 실행한 결과 이상이 있는 경우에는 다시 분석하여 프로그램 설계를 수정할 수 있습니다. 예를 들어 다음과 같은 경우처럼 왼쪽과 오른쪽의 근접 센서 모두 장애물을 감지하는 경우에는 로봇이 할 수 있는 동작이 없기 때문에 동작을 추가하여 프로그램을 수정할 수 있습니다.

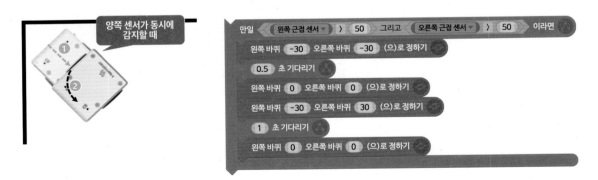

08 적외선 센서 1개를 이용한 라인 트레이서 동작 만들기

- 1개의 적외선 센서를 활용하여 검은색 선을 구별하는 과정을 이해할 수 있다.
- 햄스터 로봇을 이용하여 1개의 적외선 센서를 활용하여 검은색 선을 따라 이동하는 프로그램을 만들 수 있다.
- 로봇을 활용하여 문제를 해결하기 위해 문제를 구조화하는 태도를 갖는다.

기차는 목적지까지 레일 위를 따라 이동합니다. 필요에 따라 차선을 변경하는 자동차와는 달리 기차는 레일을 변경하지 않는 한 지정된 레일을 따라서 목적지까지 계속 이동합니다. 이런 기차의 특성 때문에 레일 위를 따라 이동하는 기차 장난감을 가지고 놀면서 레일을 다른 레일과 연결하고 새로 만드는 과정을 즐기는 어린아이의 모습을 볼 수 있습니다.

레일 위를 이동하는 기차의 모습과 같이 로봇의 센서를 활용하여 정해진 길을 따라 로봇이 이동하도록 프로그램을 만들거나 로봇과 로봇을 연결하여 기차 로봇처럼 만드는 교육 활동을 할 수 있습니다.

〈레일 위를 달리는 장난감 기차〉

〈정해진 선을 따라 이동하는 햄스터 로봇〉
[출처] http://cfile30.uf.tistory.com/
image/2312FC48536D9403210B82

이번 활동에서는 레일 위를 달리는 기차 로봇과 같이 햄스터 로봇이 가지고 있는 1개의 적외선 센서를 활용하여 검은색 선을 인식하는 방법을 분석해보고, 검은색 선을 따라 이동하는 햄스터 로봇을 알아보도록 하겠습니다. 이 활동을 위해서는 햄스터 로봇과 선을 따라 이동하는 과정을 시뮬레이션하기 위해 검은색 선이 그려진 활동지가 필요합니다.

(1) 문제를 정의하고 표현해봅시다.

이번 활동은 햄스터 로봇이 가지고 있는 1개의 적외선 센서를 이용하여 검은색 선을 따라 이동하는 것이 주요 활동입니다. 먼저 검은색 선 위에서 로봇이 해야 할 동작을 손으로 움직여가며 관찰하도록 합니다. 이를 통해 로봇의 적외선 센서가 검은색 선 위에 있을 때와 흰 바닥에 있을 때의 동작이 달라야 한다는 것을 알 수 있습니다.

〈선을 따라 이동하는 햄스터 로봇〉

[관찰]

- 왼쪽 적외선 센서가 검은색 선을 감지할 때는 로봇이 검은색 선의 오른쪽 경계면 근처에 있다.
- 오른쪽 적외선 센서가 검은색 선을 감지할 때는 로봇이 검은색 선의 왼쪽 경계면 근처에 있다.
- 적외선 센서가 검은색 선에 있을 때는 앞으로 이동하거나 경계면 쪽으로 회전하고 흰 바닥에 있을 때는 검은색 선이 있는 방향으로 로봇을 회전한다.

→

[추상화]

- 로봇이 검은색 선과 흰 바닥을 각각 구별하여 현재 위치를 판단한다.
- 검은색 선과 흰 바닥에 있을 때 로봇의 이동 방법을 다르게 한다.

햄스터 로봇으로 검은색 선을 따라 이동하기 위해서는 적외선 센서를 활용하여 선을 구별하여 이동하도록 해야 합니다. 본 활동에서 해결하고 싶은 문제를 다음과 같이 분해하여 살펴볼 수 있습니다.

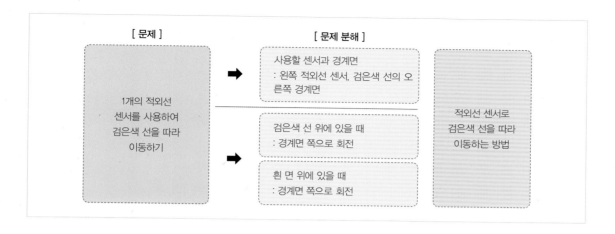

[문제]

[문제 분해]

1개의 적외선 센서를 사용하여 검은색 선을 따라 이동하기

사용할 센서과 경계면
: 왼쪽 적외선 센서, 검은색 선의 오른쪽 경계면

검은색 선 위에 있을 때
: 경계면 쪽으로 회전

흰 면 위에 있을 때
: 경계면 쪽으로 회전

적외선 센서로 검은색 선을 따라 이동하는 방법

관찰 내용과 분해된 문제를 살펴보면 본 문제 해결에 필요한 핵심 요소는 적외선 센서로 흰 바닥에서 검은색 선을 구별하고, 불필요한 요소를 최소화하기 위해 검은색 선의 한쪽 경계면을 따라 이동할 수 있도록 모터를 조정하는 것입니다. 이를 구조화하여 표현하면 다음과 같이 나타낼 수 있습니다.

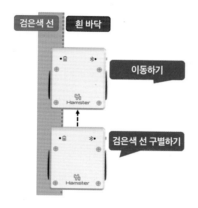

① 왼쪽 적외선 센서로 검은색 선과 흰 바닥을 감지하기 위한 기준값을 정한다.
② 왼쪽 적외선 센서가 기준값과 비교하여 검은색 선에 있다면 경계면 쪽으로 회전한다.
③ 왼쪽 적외선 센서가 흰 바닥에 있으면 검은색 선을 찾아 경계면 쪽으로 회전한다.

관찰과 추상화, 문제 구조화를 바탕으로 문제를 정의해보면 다음과 같습니다.

1개의 적외선 센서로 검은색 선과 흰 바닥에 따라
이동 방법을 다르게 하며 이동한다.

(2) 문제 해결하기

먼저, 문제를 정의하고 구조화한 내용에 따라 햄스터 로봇의 바닥에 있는 적외선 센서가 어떻게 바닥 상태를 확인하는지 분석해봅시다. 적외선 센서는 IR-LED에서 적외선이 나오면 바닥 표면에 부딪힙니다. 바닥 상태(표면의 색, 표면의 재질 등)에 따라 적외선은 흡수되거나 반사되는데 이때 반사되어 돌아오는 적외선 량을 광 트랜지스터가 받아 적외선 센서의 측정값으로 활용할 수 있습니다. 따라서 햄스터 로봇이 검은색 선과 흰 바닥을 구별하기 위해서는 검은색 선과 흰 바닥에서 적외선 센서의 측정값이 어떤 차이가 있는지 확인해야 합니다. 바닥 센서가 하얀색 종이 위에 있으면 반사된 광량이 많아져서 측정되는 값이 증가하고, 검은색 선 위에 있으면 반사된 광량이 적어져서 측정되는 값이 감소하게 됩니다.

위의 분석 결과를 흰 바닥에서는 100에 가까운 측정값을 보이고 검은색 선에서는 반사되어 돌아오는 적외 선이 적어 10보다 작은 0에 가까운 측정값을 보입니다. 분석 결과를 정리하면 다음과 같습니다.

구분	검은색 선	흰 바닥
적외선 센서 측정값	0	100

검은색 선과 흰 바닥이 만나는 경계면을 따라 값이 증가하거나 감소하기 때문에 햄스터 로봇이 검은색 선을 구별하기 위해서는 흰 바닥과 검은색 선의 측정값이 중간값인 50을 기준값으로 정하면 됩니다.

다음으로 햄스터 로봇이 선을 따라 이동하는 과정을 분석하여 봅시다. 만약 햄스터 로봇의 왼쪽 센서를 사용하여 검은색 선을 따라 이동하기 위해서는 검은색 선과 흰 바닥이 만나는 경계면을 기준으로 검은색 선쪽에 있으면 경계면 쪽으로(오른쪽으로) 회전하고, 흰 바닥에 있다면 경계면 쪽으로(왼쪽으로) 회전하면서 앞으로 이동하도록 해야 합니다. 로봇이 회전하는 방법에는 제자리에서 회전하거나 원을 그리면 회전하는 방식이 있습니다. 로봇이 선을 따라 이동하기 위해서는 그림에서 보는 것과 같이 원을 그리듯 회전하며 앞으로 가야 하기 때문에 로봇의 양쪽 모터의 방향을 앞으로 하되 양쪽 모터가 속도를 다르게 해야 한다는 것을 알 수 있습니다.

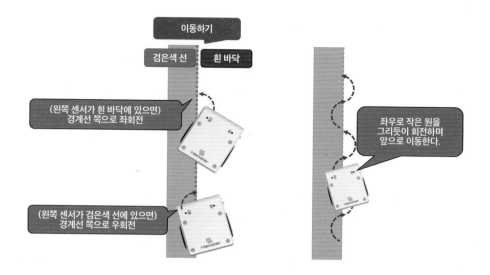

분석 결과를 바탕으로 햄스터 로봇의 1개의 적외선 센서로 선을 따라가는 로봇을 만들기 위해서는 다음과 같은 가설을 설정할 수 있습니다.

가설 설정	왼쪽 적외선 센서의 측정값이 기준값보다 크면 흰 바닥에 있으므로 왼쪽으로 회전하고, 측정값이 기준값보다 작으면 검은색 선 위에 있으므로 오른쪽으로 회전한다.

위와 같은 가설을 바탕으로 로봇이 1개의 적외선 센서로 검은색 선을 따라 앞으로 이동하는 프로그램을 순서도를 설계하고 요소별로 프로그램을 다음과 같이 작성할 수 있습니다.

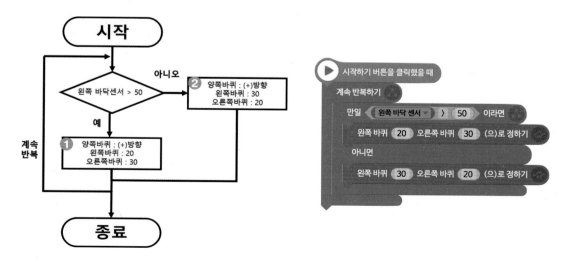

작성된 프로그램을 실행하여 로봇의 동작을 살펴본 다음, 프로그램의 작성 의도에 맞게 동작하는지 구현하고 실험해보도록 합니다. 실험 결과 검은색 선을 잘 따라가지만, 곡선 구간에서는 선 밖으로 넘어가는 로봇의 모습을 관찰할 수 있습니다. 문제를 해결하기 위해 로봇의 작동 모습을 다시 관찰하고 분석합니다.

관찰 결과 양쪽 바퀴의 속도 차이를 작거나 크지 않도록 해야 한다는 사실을 알 수 있습니다. 기존에 프로그램이 곡선에 벗어났기 때문에 양쪽 바퀴의 속도 차이를 크게 하여 로봇이 정상적으로 회전하는지 확인한 후 속도 차이를 점점 줄여가면서 선을 벗어나지 않고 더 매끄럽게 회전하는 속도를 구해야 합니다.

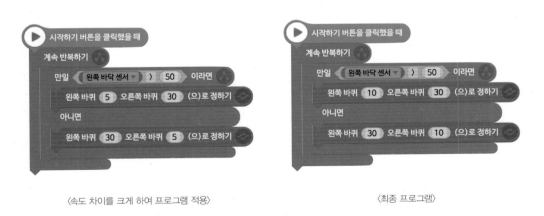

〈속도 차이를 크게 하여 프로그램 적용〉　　　　　　　　〈최종 프로그램〉

분석한 값을 이용하여 프로그램을 수정하고 다시 실험하여 로봇이 의도한 데로 정상 작동하는지 확인합니다.

다음과 같이 동작을 확장하려면 어떻게 프로그래밍 해야 할까요?

햄스터 로봇의 오른쪽 적외선 센서를 사용하여 검은색 선을 따라 이동하려면 어떻게 해야 할까요?

(오른쪽 적외선이 검은색 선에 있으면 경계면 쪽이 있는 왼쪽으로 회전하고 흰 바닥에 있으면 경계면이 있는 오른쪽으로 회전하도록 프로그램을 구현합니다. 오른쪽 센서를 사용하는 경우 왼쪽 센서를 사용하는 경우보다는 안쪽에서 회전하기 때문에 곡선 구간에서는 바퀴의 속도 차이를 크게 해야 합니다.)

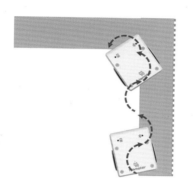

〈예시 프로그램〉

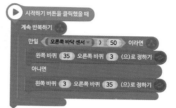

09 적외선 센서 2개를 이용한 라인 트레이서 동작 만들기

• 2개의 적외선 센서를 활용하여 검은색 선을 구별하는 과정을 이해할 수 있다.
• 햄스터 로봇을 이용하여 2개의 적외선 센서를 활용하여 검은색 선을 따라 이동하는 프로그램을 만들 수 있다.
• 로봇을 활용하여 문제를 해결하기 위해 문제를 구조화하는 태도를 갖는다.

1개의 적외선 센서를 활용하여 검은색 선을 따라 이동하는 로봇을 만들어 봤습니다. 1개의 적외선 센서를 사용하는 경우 로봇이 한쪽의 경계면을 따라 빈번하게 지그재그로 회전하면서 이동하기 때문에 안정적이지 못한 점이 있습니다. 햄스터 로봇은 2개의 적외선 센서를 가지고 있습니다. 레일 위를 달리는 기차는 2개의 바퀴를 사용해서 달리면서 안정적으로 레일을 벗어나지 않고 이동할 수 있습니다. 그렇다면 햄스터 로봇의 적외선 센서 2개를 사용하여 검은색 선을 따라갈 수 없을까요?

햄스터 로봇과 같이 동일한 센서가 2개씩 있는 경우보다 안정적으로 로봇을 작동시킬 수 있습니다. 1개의 센서보다는 2개 이상의 센서를 작동하여 프로그래밍하는 과정은 학생들이 문제를 해결하는 과정을 보다 세밀하게 분해하도록 요구되어 학생들의 컴퓨팅 사고력을 높일 수 있는 교육 활동입니다.

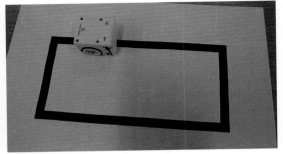

〈1개의 센서를 사용하여 검은색 선 따라가기〉 〈2개의 적외선 센서를 이용하여 검은색 선을 따라가는 햄스터 로봇〉

이번 활동에서는 1개의 적외선 센서로 이동할 때의 문제점을 분석하고 2개의 적외선 센서로 검은색 선을 따라 이동하는 로봇의 이동 과정을 관찰하고 분해합니다. 이러한 내용을 토대로 햄스터 로봇이 가지고 있는 2개의 적외선 센서를 활용하여 검은색 선을 따라가는 프로그램을 작성하고 작동하는 과정을 알아보도록 하겠습니다. 이 활동을 위해서는 햄스터 로봇과 검은색 선이 그려진 활동지가 필요합니다.

(1) 문제를 정의하고 표현해봅시다.

햄스터 로봇이 2개의 적외선 센서를 활용하여 선을 따라 이동하기 위해서는 먼저 1개의 적외선 센서를 사용했을 때의 문제점을 분석해볼 필요가 있습니다.

1개의 센서를 사용하는 경우 항상 검은색 선과 흰 바닥의 한쪽 경계면을 따라 계속 확인하며 이동해야 하므로 좌우로 흔들리며 이동하고, 특히 곡선 구간에서는 회전을 크게 하여 선 밖으로 벗어나는 문제점이 있습니다.

회전 구간에서는 로봇의 모터 속도 차이를 이용해 선 밖으로 벗어나지 않도록 계속 관찰하고 수정해야 합니다.

1개의 센서를 사용하는 경우 검은색 선과 흰 바닥을 확인하기 위해 로봇이 좌우로 회전하면서 가기 때문에 안정적이지 못함

2개의 적외선 센서를 사용하여 검은색 선을 따라가는 로봇을 구현하기 위해 검은색 선 위에서 로봇의 동작 과정을 손으로 움직여가며 다시 관찰해봅시다.

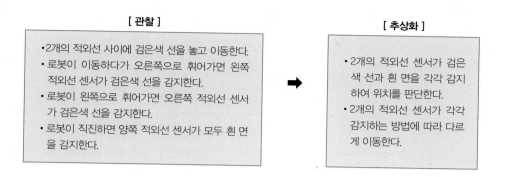

[관찰]
• 2개의 적외선 사이에 검은색 선을 놓고 이동한다.
• 로봇이 이동하다가 오른쪽으로 휘어가면 왼쪽 적외선 센서가 검은색 선을 감지한다.
• 로봇이 왼쪽으로 휘어가면 오른쪽 적외선 센서가 검은색 선을 감지한다.
• 로봇이 직진하면 양쪽 적외선 센서가 모두 흰 면을 감지한다.

[추상화]
• 2개의 적외선 센서가 검은색 선과 흰 면을 각각 감지하여 위치를 판단한다.
• 2개의 적외선 센서가 각각 감지하는 방법에 따라 다르게 이동한다.

문제를 해결하기 위해 다음과 같이 문제를 분해할 수 있습니다.

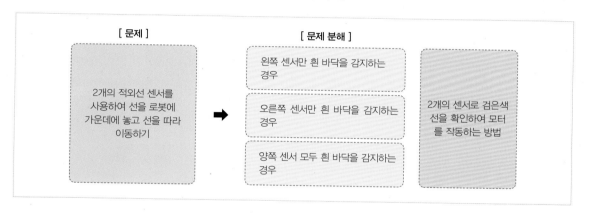

[문제]
2개의 적외선 센서를 사용하여 선을 로봇에 가운데에 놓고 선을 따라 이동하기

[문제 분해]
왼쪽 센서만 흰 바닥을 감지하는 경우

오른쪽 센서만 흰 바닥을 감지하는 경우

양쪽 센서 모두 흰 바닥을 감지하는 경우

2개의 센서로 검은색 선을 확인하여 모터를 작동하는 방법

관찰 내용과 분해된 문제를 살펴보면 본 문제 해결에 필요한 핵심 요소는 2개의 센서로 흰 바닥에서 검은색 선을 구별하여 검은색 선의 경계면을 따라 이동하도록 하는 것입니다. 이를 구조화하여 표현하면 다음과 같이 나타낼 수 있습니다.

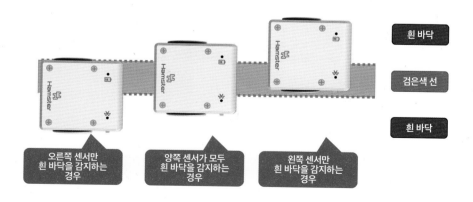

흰 바닥

검은색 선

흰 바닥

오른쪽 센서만 흰 바닥을 감지하는 경우

양쪽 센서가 모두 흰 바닥을 감지하는 경우

왼쪽 센서만 흰 바닥을 감지하는 경우

① 오른쪽 센서가 흰 바닥을 감지하면 왼쪽 방향으로 회전한다.
② 왼쪽 센서가 흰 바닥을 감지하면 오른쪽 방향을 회전한다.
③ 양쪽 센서가 모두 흰 바닥을 감지하면 앞으로 이동한다.

관찰과 추상화, 문제 구조화를 바탕으로 문제를 정의해보면 다음과 같습니다.

> **적외선 센서 2개로 검은색 선의 양쪽 경계면을 확인하며 이동한다.**

(2) 문제 해결하기

구조화하여 정의한 문제를 해결하기 위해 적외선 센서로 검은색 선을 감지하는 경우의 로봇 작동 과정을 분석합니다. 다음과 같이 오른쪽 센서만 흰 바닥에 있는 경우는 오른쪽 센서의 측정값이 100이고, 왼쪽 센서만 흰 바닥에 있는 경우는 왼쪽 센서의 측정값이 100이고, 양쪽 센서 모두 흰 바닥에 있는 경우는 양쪽 센서의 측정값이 모두 100을 나타냅니다. 검은색 선에서는 측정값이 0이고 흰 바닥에서는 측정값이 100이므로 로봇이 경계면을 판단하는 기준값으로 50을 설정합니다. 따라서 기준값과 각 센서의 측정값을 비교하여 검은색 선을 감지하도록 할 수 있습니다.

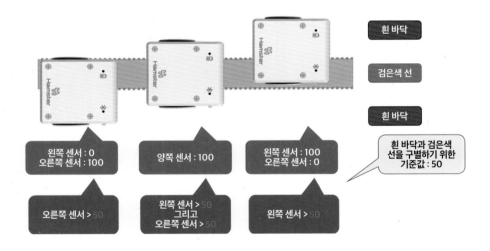

다음으로 각 경우별로 로봇이 어떻게 동작해야 하는지 동작 과정을 분석해봅시다.

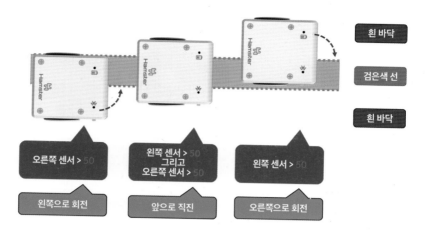

오른쪽 센서 > 50

왼쪽 센서 > 50
그리고
오른쪽 센서 > 50

왼쪽 센서 > 50

흰 바닥

검은색 선

흰 바닥

왼쪽으로 회전

앞으로 직진

오른쪽으로 회전

오른쪽 센서만 흰 바닥을 감지하는 경우는 검은색 선을 기준으로 로봇이 오른쪽으로 치우쳐 있다고 보고 로봇을 왼쪽으로 회전시킵니다. 마찬가지로 왼쪽 센서만 흰 바닥을 감지하는 경우에는 검은색 선을 기준으로 로봇이 왼쪽으로 치우쳐 있다고 보고 로봇을 오른쪽으로 회전시킵니다. 양쪽 센서 모두 흰 바닥에 있는 경우는 로봇이 검은색 선을 2개의 적외선 사이에 놓고 가는 것으로 보고 앞으로 직진하도록 할 수 있습니다.

분석 결과를 바탕으로 로봇의 2개의 적외선 사이에 검은색 선을 놓고 따라가도록 하기 위해서 다음과 같은 가설을 설정할 수 있습니다.

가설 설정	왼쪽 센서가 흰 바닥에 있으면 오른쪽으로 회전하고, 오른쪽 센서가 흰 바닥에 있으면 왼쪽으로 회전하고, 양쪽 센서 모두 흰 바닥에 있으면 앞으로 직진한다.

위와 같은 가설을 바탕으로 프로그램을 위한 순서도를 설계하고 부분별로 프로그램을 작성하여 전체 프로그램을 완성합니다.

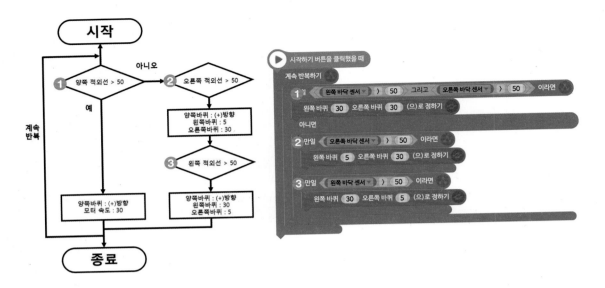

작성된 프로그램을 실행하면 2개의 적외선 센서를 사용하기 때문에 1개의 적외선 센서를 사용하는 경우보다 더 안정적으로 동작하는 로봇을 관찰할 수 있습니다.

작성한 프로그램의 경우 2개의 적외선 센서 사이에 검은색 선을 놓고 이동하는 로봇이었습니다. 2개의 적외선보다 검은색 선이 큰 경우는 적외선 센서가 검은색 선이 어떻게 위치하는지를 분석한 후 그에 맞는 모터를 동작시켜 해결할 수 있습니다.

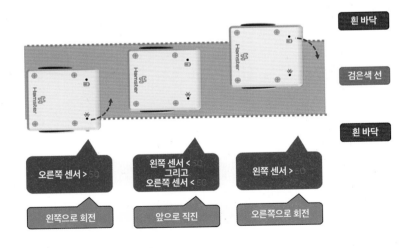

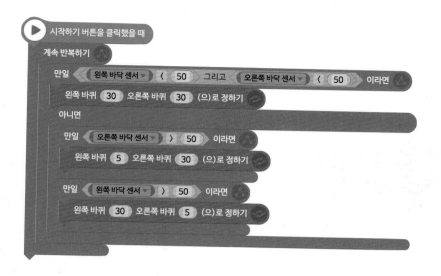

스스로 해보기

다음과 같이 동작을 확장하려면 어떻게 프로그래밍 해야 할까요?

2개의 적외선 센서를 통해 검은색 선을 따라가는 다른 알고리즘을 생각해봅시다.

(2개의 센서로 검은색 선을 구별하는 과정은 왼쪽 센서가 흰 바닥을 감지하면 오른쪽으로 회전하고
오른쪽 센서가 흰 바닥을 감지하며 왼쪽으로 회전합니다. 따라서 왼쪽과 오른쪽 센서의 값이 차이를
직진구간의 이동 속도에 보정하도록 계산 코드를 넣어서 곡선 구간에서 손쉽게 이동할 수 있는 한
줄 코드 프로그램으로 만들 수도 있습니다.)

⑩ 말판 라인 트레이서 프로그램 만들기

- 교차로 모양에 따라 로봇을 동작시키는 방법을 이해할 수 있다.
- 햄스터 로봇을 이용하여 교차로가 있는 선을 따라 이동하는 프로그램을 만들 수 있다.
- 로봇을 활용하여 문제를 해결하기 위해 문제를 구조화하는 태도를 갖는다.

적외선 센서를 이용하여 검은색 선을 따라 이동하는 햄스터 로봇을 만들어봤습니다. 1개의 선을 따라 이
동하는 경우에 1대의 로봇을 원하는 지점까지 이동시키기 위해서는 문제가 없지만 여러 대의 로봇이 동시

에 선을 따라 다양한 지점으로 이동하는 상황이라면 로봇이 목적지까지 선을 따라 이동을 못 할 수도 있습니다. 왜냐하면 로봇에 입력된 프로그램은 다른 로봇을 고려하지 않고 프로그램이 되어 있기 때문입니다.

따라서 아래 그림과 같이 말판 위에서 로봇을 이동시켜 서로 최대한 부딪히지 않고 목표 지점까지 이동시켜보는 활동을 할 수 있습니다.

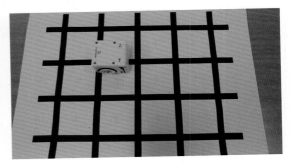

〈정해진 레일격자 위를 이동하는 로봇〉
[출처] https://amzn.to/2lAvqfC

〈말판 위에서 검은색 선 위로 이동하는 로봇〉

이번 활동에서는 2개의 적외선 센서를 활용하여 말판을 이동하기 위해 교차로의 모양별로 로봇의 작동과정을 분석합니다. 분석된 내용을 가지고 말판 위에서 원하는 지점까지 햄스터 로봇을 이동하도록 프로그램을 구현하고 작동하는 과정을 알아보도록 하겠습니다. 이 활동을 위해서는 햄스터 로봇과 함께 로봇의 동작을 시뮬레이션하기 위한 말판 활동지가 필요합니다.

(1) 문제를 정의하고 표현해봅시다.

햄스터 로봇을 이용하여 격자 선(말판)을 따라 이동하는 과정을 표현하기 위해 말판을 관찰해보면 로봇이 선을 따라 이동하다가 교차로를 만나면 직진이나 회전을 해야 한다는 것을 알 수 있습니다.

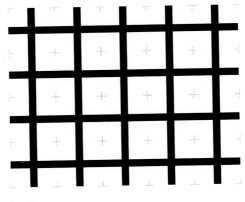

〈말판의 모습〉

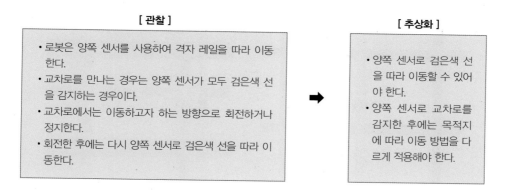

추상화한 내용을 바탕으로 말판 위에서 햄스터 로봇이 목적지까지 이동하는 과정을 다음과 같이 분해하여 살펴볼 수 있습니다.

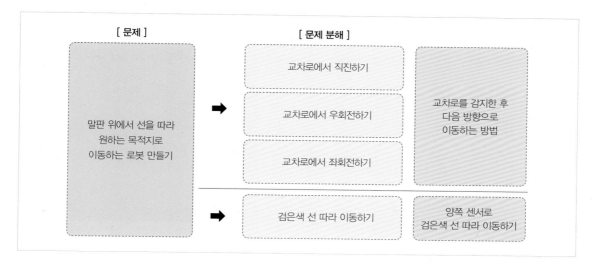

본 문제 해결에 필요한 핵심 요소는 로봇의 적외선 센서를 활용하여 말판 위의 교차로를 감지한 후 다음 방향으로 이동하는 방법과 교차로를 만나기 전까지는 양쪽 센서로 검은색 선을 따라 이동하는 과정이라고 볼 수 있습니다. 또한 목적지까지 이동하기 위해서는 교차로별로 어떤 방향으로 이동해야 할지 경로를 분석하는 과정이 필요합니다. 이를 구조화하여 표현하면 다음과 같이 나타낼 수 있습니다.

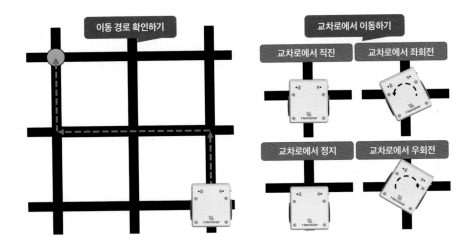

① 목적지까지의 이동 경로 중 몇 개의 교차로가 있는지 확인하고 교차로에서 직진할지 회전할지를 확인한다.
② 교차로에서 직진, 우회전, 좌회전하기 위해 2개의 적외선 센서로 교차로를 확인한다.
③ 교차로를 확인하기 전까지는 2개의 적외선 센서로 선을 따라 이동한다.

해결할 문제를 다시 정의해보면 다음과 같습니다.

> 양쪽 센서로 검은색 선을 확인하며 이동한다.
> 양쪽 센서로 교차로를 확인한 후 다음 방향으로 직진 및 회전하거나 정지한다.

(2) 문제 해결하기

먼저 문제 해결을 위해 구조화한 내용에 따라 로봇의 적외선 센서로 교차로를 어떻게 감지하는지 분석합니다. 말판 위에서는 2개의 적외선 센서를 사용하여 선을 따라 이동합니다.

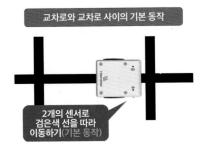

선을 따라 이동하다가 교차로를 만나면 다음 목적지까지 이동하기 위해 직진, 정지, 회전(우회전, 좌회전)의 동작을 합니다. 로봇이 2개의 센서로 교차로를 인식하려면 2개의 센서가 모두 검은색 선 위에 있을 때

입니다. 교차로를 인식한 후 다음 방향으로 이동하기 위해 직진, 정지, 우회전, 좌회전일 때의 로봇의 동작 과정을 관찰하여 표현해야 할 작동 요소를 분석합니다.

교차로에서 회전하는 하는 경우는 교차로를 만나면 좌회전 혹은 우회전을 하고 교차로를 만나면 정지하기, 교차로를 만나면 우회전한다고 볼 수 있습니다.

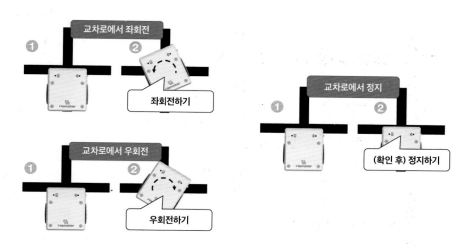

하지만 교차로를 만나는 즉시 회전, 정지, 직진하면 어떤 문제가 발생할까요?

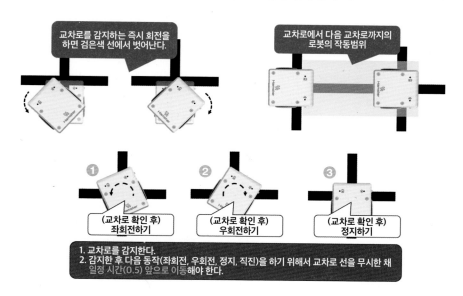

위의 그림과 같이 교차로를 감지하는 순간 회전을 하면 2개의 센서가 모두 검은색 선을 벗어날 수 있습니다. 따라서 교차로에서의 로봇의 동작을 분석하면 다음과 같습니다.

① 교차로를 감지한 후 일정 시간 앞으로 이동을 해서 다음 동작을 하기 위한 공간을 확보한다.
② 공간이 확보되면 제자리에서 회전하거나, 정지, 직진을 한다.

다음으로 목적지까지 이동하기 위해 경로를 분석합니다. 로봇이 목적지까지 이동하는 과정에서 직진하는
구간과 교차로를 만나는 구간으로 나눠서 경로를 분석합니다.

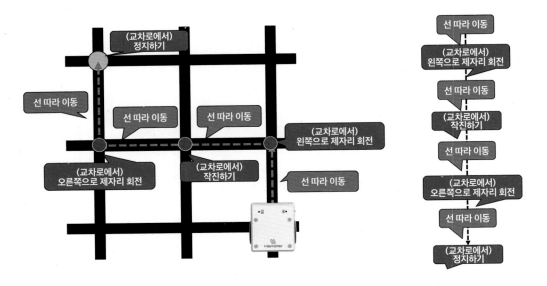

분석 결과를 토대로 문제를 해결하기 위해 교차로에서 좌회전, 교차로에서 우회전, 교차로에서 정지하기 위
한 프로그램을 작성합니다. 이때는 함수 명령 블록을 사용하여 교차로마다 해야 할 로봇의 동작 명령 블록
을 묶어 하나의 프로그램을 만들어서 사용합니다.

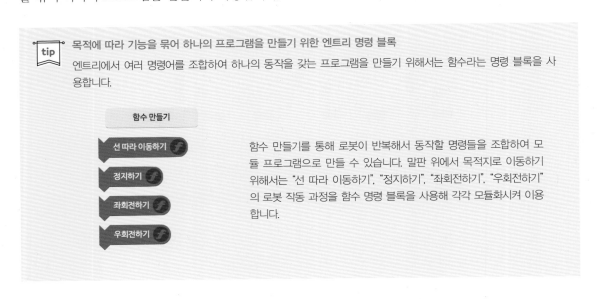

tip 목적에 따라 기능을 묶어 하나의 프로그램을 만들기 위한 엔트리 명령 블록
엔트리에서 여러 명령어를 조합하여 하나의 동작을 갖는 프로그램을 만들기 위해서는 함수라는 명령 블록을 사
용합니다.

함수 만들기

선 따라 이동하기

정지하기

좌회전하기

우회전하기

함수 만들기를 통해 로봇이 반복해서 동작할 명령들을 조합하여 모
듈 프로그램으로 만들 수 있습니다. 말판 위에서 목적지로 이동하기
위해서는 "선 따라 이동하기", "정지하기", "좌회전하기", "우회전하기"
의 로봇 작동 과정을 함수 명령 블록을 사용해 각각 모듈화시켜 이용
합니다.

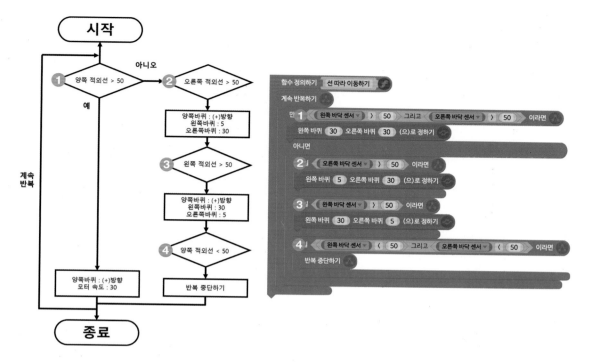

〈선 따라 이동하기의 순서도 및 함수 프로그램〉

〈교차로에서의 정지하기의 순서도 및 함수 프로그램〉

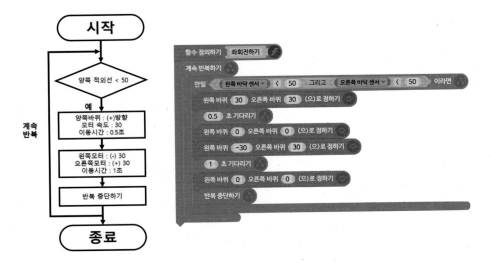

〈교차로에서 좌회전하기의 순서도 및 함수 프로그램〉

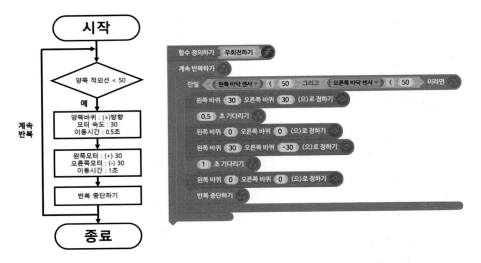

〈교차로에서 우회전하기의 순서도 및 함수 프로그램〉

> **tip** 함수별로 반복 중단하기 명령을 넣은 까닭은?
>
> 각각의 함수들은 계속 반복하기 명령 블록을 통해 실시간으로 적외선 센서의 값을 측정하여 모듈 내용에 맞는 동작을 취합니다. 모듈 순서에 따라 다음 모듈이 실행이 되려면 반드시 해당 모듈 동작이 종료되도록 명령을 해야 합니다. 따라서 동작이 끝나면 "반복 중단하기" 명령을 넣어 계속 반복을 끝내도록 합니다.
>
> 반복 중단하기

각각의 함수들은 계속 반복하기 명령 블록을 통해 실시간으로 적외선 센서의 값을 측정하여 모듈 내용에 맞는 동작을 취합니다. 모듈 순서에 따라 다음 모듈이 실행이 되려면 반드시 해당 모듈 동작이 종료되도록 명령을 해야합니다. 따라서 동작이 끝나면 "반복 중단하기" 명령을 넣어 계속 반복을 끝내도록 합니다.

함수를 이용하여 각 모듈 프로그램을 완성하였습니다. 사전에 분석한 경로를 따라 햄스터 로봇이 목적지까지 이동하도록 모듈 프로그램의 동작 순서를 다음과 같이 설계한 후 로봇이 정상적으로 동작하는지 실험해 보고 이상이 있는 경우 명령 순서에 따라 잘못된 부분을 찾아 프로그램을 수정합니다.

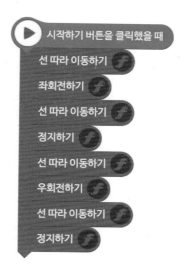

햄스터 로봇 활용
응용 프로그램 만들어 보기

01 햄스터 로봇으로 RC카 만들기

- 키보드 입력으로 햄스터를 제어할 수 있다.
- 키보드 입력으로 로봇을 제어하는 방법을 이해할 수 있다.
- RC카의 작동되는 모습을 관찰하고 프로그램으로 구현하는 과정 속에서 문제 해결을 위한 프로그램 작성 방법을 이해할 수 있다.

RC카는 무선 조종기로 움직일 수 있는 장난감 자동차를 말합니다. 이때 무선 조종기는 RC카를 움직이게 하고 특정 버튼을 누르면 불빛이 나거나 소리를 내게 할 수도 있습니다.

간단한 프로그래밍으로 햄스터 로봇을 장난감 RC카처럼 조종할 수 있어서 학습자에게 많은 흥미를 유발할 수 있습니다. 본 활동을 통해 프로그램 작성 기능 중 이벤트의 기능이나, 다양한 입력 방법에 대해 학습할 수 있습니다.

〈RC카 조종기와 RC카〉

이번 활동에서는 RC카를 조종기로 제어하는 것처럼 키보드를 이용하여 햄스터 로봇을 움직이고 빛과 소리를 낼 수 있는 프로그램을 만들어가는 과정을 알아보도록 하겠습니다.

이 활동을 위해서는 RC카 역할을 할 햄스터 로봇 1대가 필요합니다. 그리고 RC카 조종기처럼 햄스터를 제어할 수 있도록 컴퓨터 키보드를 준비합니다.

(1) 문제를 정의하고 표현해봅시다.

문제를 해결하기 위하여 무선 조종기로 RC카를 움직이는 모습을 관찰해보고 여러 가지 기능 중에 햄스터 로봇으로 구현할 부분을 찾아봅시다. RC카를 움직이기 위해서는 움직임에 맞는 조정 장치가 있습니다. 또, RC카의 모양, 크기는 햄스터 로봇과 많이 다르지만 바퀴로 움직인다는 점, 불빛을 켜거나 소리를 낼 수 있다는 점과 같은 공통점을 발견할 수 있습니다.

〈RC카 조종기와 RC카〉

발견한 내용 중에서 햄스터 로봇을 RC카처럼 조종하는 데 필요한 요소를 정리해보면 다음과 같습니다.

[관찰]		[추상화]
• 위쪽 화살표 버튼을 누르면 전진하고 아래쪽 화살표를 누르면 후진한다. • 좌우측 화살표 버튼을 누르면 회전한다. • 조종기의 특정키를 누르면 불빛을 켜거나 소리를 낼 수 있다.	→	• 조종기로 모터를 작동시켜 바퀴를 회전시킨다. • 특정 버튼으로 불빛이나 소리를 낸다.

문제를 해결하기 위하여 문제를 조금 더 자세하게 나누어 봅시다. 본 활동에서 해결하고 싶은 문제를 다음과 같이 분해하여 작은 문제로 나눌 수 있습니다.

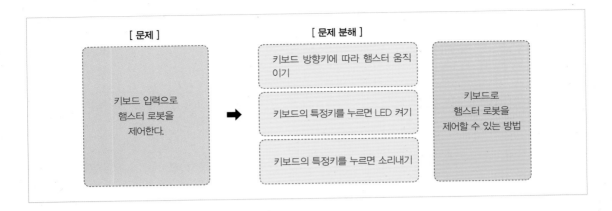

분해한 문제를 바탕으로 키보드의 어떤 키를 눌렀을 때 LED, 스피커, D.C. 모터가 작동되게 할지 구체적으로 구조화해보면 다음과 같습니다.

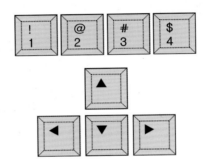

이러한 관찰과 추상화, 문제 구조화를 바탕으로 문제를 다음과 같이 정의할 수 있습니다.

키보드의 특정 키를 누르면 그 해당 동작을 한다.

(2) 문제 해결하기

키보드의 특정키를 눌렀을 때 햄스터가 의도한대로 동작할 수 있도록, 방향키에 따른 햄스터의 움직임, LED 색과 지속 시간, 피에조 스피커의 음 높이, 재생되는 시간에 대한 분석이 필요합니다.

1) 조종하기
키보드 방향키를 눌렀을 때 햄스터가 어떻게 움직여야 RC카를 조종하는 것처럼 느껴질지 생각해야 합니다.

① 방향키를 누르면 일정 시간 동안만 움직이기

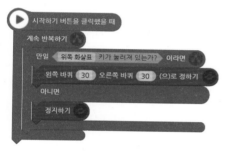

: 방향키를 누르면 일정 시간동안만 움직이기 때문에 방향키를 여러 번 눌러야 하고 햄스터가 자연스럽게 움직이지 않는다는 단점이 있다.

② 방향키를 누르고 있는 동안 계속 움직이기

: 방향키를 한 번만 누르면 다른 키를 누르기 전까지 해당 동작을 계속 유지하기 때문에 편리하지만 RC카 조종기의 사용 방법과 다르다.

③ 방향키를 누르고 있는 동안 계속 움직이기

: RC카가 조종기의 방향키를 눌렀을 때만 움직이는 것처럼 위쪽 화살표를 눌렀을 때만 직진하고 손을 방향키에서 떼면 햄스터가 정지한다.

③은 반복과 선택 구조를 활용한 프로그램으로 방향키가 눌려져 있는지 계속 판단해야 하기 때문에 '계속 반복하기'와 '만약 ~라면 아니면' 블록을 사용해야 합니다.

3가지 방법 중 1가지 방법을 선택해서 RC카의 속도, 회전하는 방법을 정해야 합니다. 3가지 방법 중 RC카가 움직이는 방식과 가장 비슷한 세 번째 방법을 기준으로 명령 블록에 적당한 값을 넣고 햄스터의 움직임을 분석하여 원하는 움직임을 정해봅시다.

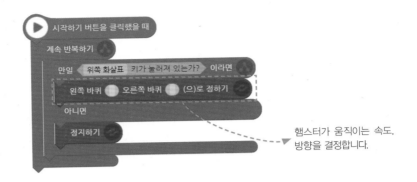

시작하기 버튼을 클릭했을 때

계속 반복하기

만일 위쪽 화살표 키가 눌러져 있는가? 이라면

왼쪽 바퀴 ◯ 오른쪽 바퀴 ◯ (으)로 정하기

아니면

정지하기

햄스터가 움직이는 속도,
방향을 결정합니다.

각 조건에 맞게 왼쪽 바퀴와 오른쪽 바퀴에 다양한 값을 넣어 테스트 해본 후 아래와 같이 적당한 값을 찾는 과정이 필요합니다.

조건	왼쪽 바퀴	오른쪽 바퀴
위쪽 화살표 키가 눌러져 있는가?	30	30
아래쪽 화살표 키가 눌러져 있는가?	−30	−30
왼쪽 화살표 키가 눌러져 있는가?	0	30
오른쪽 화살표 키가 눌러져 있는가?	30	0

2) LED

숫자 1키를 눌렀을 때 LED가 켜지고 숫자 2키를 눌렀을 때 LED가 꺼지는 프로그램을 만들기 위해 필요한 블록을 찾아봅시다. 숫자 키를 눌렀을 때 LED를 어떻게 작동시킬지 정하기 위해 다음과 같은 분석 과정을 거쳐야 합니다.

① 양쪽 LED를 모두 켤지 아니면 한 쪽만 켤지 정하기
② LED의 색 정하기(7가지)

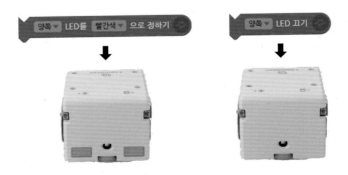

3) 스피커

숫자 3키를 누르면 햄스터가 특정 소리를 내고 숫자 4키를 누르면 소리를 끄게 만드는 프로그램에는 어떤 버저 음을 얼마나 재생시킬지 그리고 버저음을 몇 개 사용할지 정해야 합니다. 아래 프로그램으로 사이렌 소리를 구현하려면 빈칸에 어떤 값을 넣어야 할지 적당한 값을 찾아봅시다.

사이렌 소리는 특정 음 2개가 계속 반복됩니다. 버저음 높이값과 그 지속 시간을 얼마로 해야 사이렌 소리처럼 들릴지 적당한 값을 정해봅시다. 버저 음 높이를 700, 500으로 정하고 그 지속 시간을 0.2초로 정해봅시다.

분석 결과를 바탕으로 햄스터 로봇을 RC카처럼 제어하기 위한 가설을 설정해봅시다.

가설 설정	방향키로 햄스터를 움직이고 특정 숫자 키로 LED와 사이렌 소리를 켜고 끈다.

키보드로 햄스터를 조종하기 위한 기본적인 알고리즘은 조건문을 중첩해서 사용하는 것입니다. '만약 ~라면 아니면' 블록 4개를 중첩해 사용하면 4가지 방향키를 눌렀을 때, 방향키를 누르지 않았을 때 5가지 상황을 나눌 수 있습니다(본 알고리즘 이외에도 다양한 알고리즘을 만들 수 있습니다.).

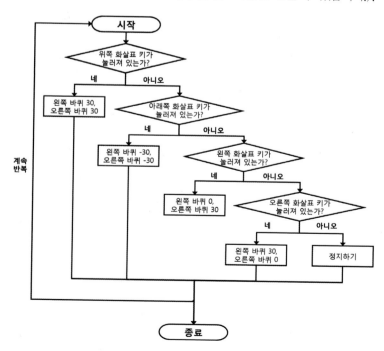

순서도에 따라 프로그램을 다음과 같이 작성할 수 있습니다.

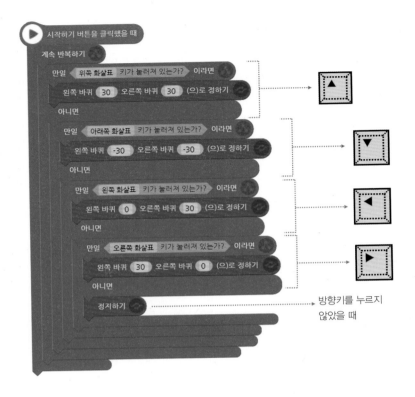

숫자 1키를 누르면 양쪽 LED를 빨간색으로 켜고 2키를 누르면 양쪽 LED를 끄는 프로그램을 만들어봅시다.

숫자 3키를 누르면 사이렌 소리가 실행되고 4키를 소리를 누르면 끌 수 있는 프로그램은 다음과 같이 만들수 있습니다.

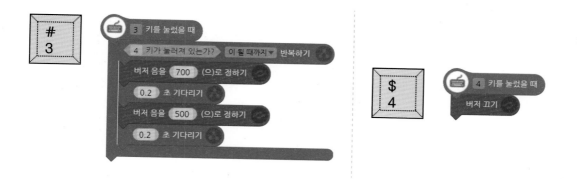

다른 프로그래밍 방법은 없을지 생각해봅시다. 예를 들어, LED와 사이렌 부분의 프로그램을 아래와 같이
수정하면 이벤트 블록 개수를 줄일 수 있습니다.

작성된 프로그램을 실행하여 숫자 1~4키와 방향키를 눌러 햄스터를 조종해보면서 프로그램의 작성 의도
에 맞게 동작하는지 실험해봅니다. 만약, 의도된 대로 작동하지 않는 경우에는 키보드 입력 블록과 햄스터
의 출력 블록이 알맞게 연결되었는지, 블록에 들어가 있는 출력값들이 알맞은지 다시 살펴봅니다.

다음과 같이 동작을 확장하려면 어떻게 프로그래밍 해야 할까요?

2개의 방향키를 동시에 눌렀을 때 완만하게 회전하는 프로그램을 만들려면 어떻게 해야 할까요?

('그리고' 블록은 2가지 조건이 모두 만족되었을 때 '참' 값을 나타냅니다.)

〈예시 프로그램〉

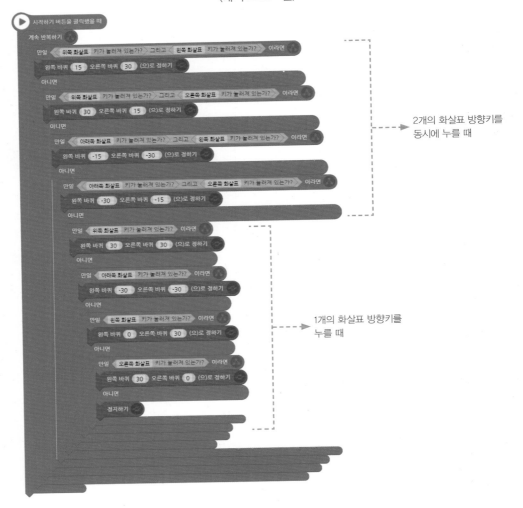

02 가속도 센서를 이용한 조이스틱 만들기

- 가속도 센서를 사용해 엔트리 오브젝트를 움직일 수 있다.
- 제작 과정 속에서 가속도 센서를 이해할 수 있다.
- 센서를 사용해 프로그램을 만드는 과정 속에서 문제 해결을 위한 프로그램 작성 방법을 이해할 수 있다.

조이스틱은 오락실 게임기나 RC카, 드론 조종기에 장착되어 있는 조종 장치입니다. 더 자세히는 스틱이라 불리는 긴 막대형의 레버를 잡고 상하좌우로 밀거나 당겨서 조작하는 방식의 컨트롤러입니다. 최근에는 레트로 게임에 사용되는 조이스틱에 더 나아가 조종기에 센서를 장착해 체험형 게임을 할 수 있는 새로운 형태의 조이스틱도 나오고 있습니다.

앞에서 키보드 입력으로 햄스터를 제어했다면 이번 활동에서는 햄스터 로봇을 조이스틱처럼 사용해 엔트리 오브젝트를 움직여 보는 활동을 할 것입니다. 앞의 활동에서는 키보드 입력에 대한 출력으로 햄스터 로봇을 사용했다면 이번엔 정반대로 오브젝트를 움직이기 위한 입력 장치로 햄스터를 사용합니다.

〈레트로 게임 조이스틱〉

〈원격 조종기〉

이번 활동에서는 햄스터 로봇을 기울여서 엔트리 오브젝트를 움직일 수 있는 프로그램을 만들어가는 과정을 알아보도록 하겠습니다. 이 활동을 위해서는 햄스터 로봇 1대가 필요합니다.

(1) 문제를 정의하고 표현해봅시다.

햄스터 로봇을 조이스틱처럼 만들기 위해서는 조이 스틱을 조작하는 방법을 관찰해야 합니다. 먼저 조이스틱을 당기는 방향에 따라 게임 속 캐릭터가 어떻게 움직이는지 살펴봅시다.

조이스틱을 위, 아래로 움직이면 캐릭터도 화면상에서 위, 아래로 움직이고 좌, 우로 움직이면 캐릭터도 좌, 우로 움직입니다. 즉, 조이스틱을 당기거나 미는 방향에 따라 RC카나 게임 속 캐릭터가 움직인다는 것을 발견할 수 있습니다.

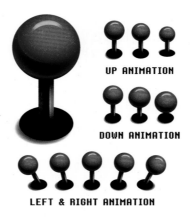

UP ANIMATION

DOWN ANIMATION

LEFT & RIGHT ANIMATION

〈조이스틱 사용 방법〉

발견한 내용 중에서 햄스터로 조이스틱을 구현하는 데 필요한 요소를 추상화하여 아래와 같이 정리해봅시다.

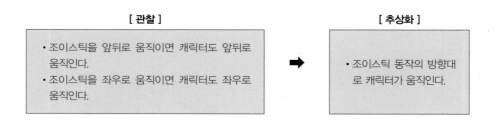

문제를 해결하기 위하여 추상화한 내용을 바탕으로 문제를 조금 더 자세하게 나누어 봅시다. 본 활동에서 해결하고 싶은 문제를 다음과 같이 분해하여 작은 문제로 나눌 수 있습니다.

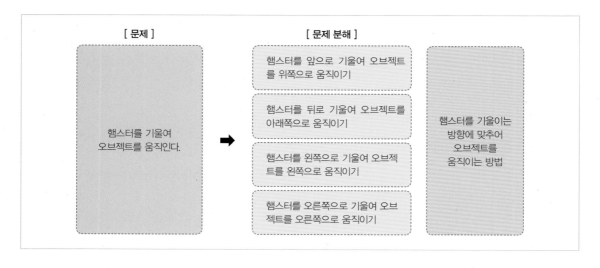

햄스터를 기울여서 오브젝트를 위, 아래, 왼쪽, 오른쪽 네 방향으로 움직이도록 분해한 문제를 구조화해보면 다음과 같습니다.

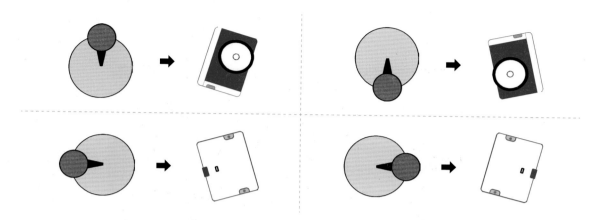

조이스틱은 앞뒤, 좌우 방향으로 당겨서 사용합니다. 햄스터 로봇으로 조이스틱의 동작을 구현하기 위해서는 햄스터 로봇이 조이스틱의 역할을 담당하고 엔트리 오브젝트는 조이스틱으로 움직여야할 대상이 되어야 합니다. 조이스틱의 사용 방법처럼 햄스터를 앞뒤, 좌우 방향으로 기울여서 오브젝트를 움직이도록 다음과 같이 문제를 정의할 수 있습니다.

> **햄스터의 기울기에 따라 오브젝트를 움직이게 만들자.**

(2) 문제 해결하기

햄스터를 어느 정도 기울였을 때 오브젝트가 움직이게 만들지 기울기 정도를 찾아야 합니다. 이를 위해 햄스터를 기우는 정도에 따른 가속도 값의 변화를 분석해봅시다. 햄스터를 앞뒤 방향으로 기울였을 때 X축 가속도 값의 변화를 살펴보고 얼마를 기준으로 오브젝트를 움직일지 기준값을 정해봅시다.

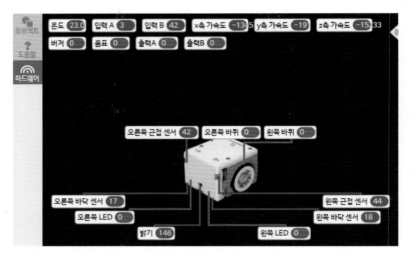

〈x축 가속도, y축 가속도 값의 변화〉

햄스터를 앞뒤 방향으로 기울였을 때 X축 가속도 값은 약 −1500부터 1500까지 변합니다.

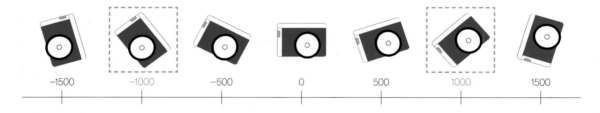

어느 정도 기울였을 때 오브젝트를 움직이게 만들지 정해봅시다. 기준이 되는 지점을 1000으로 하여 가속도 센서값이 1000보다 커졌을 때와 −1000보다 작아졌을 때 오브젝트가 움직일 수 있도록 합니다. 같은 방법으로 Y축 가속도의 기준값을 정해봅시다.

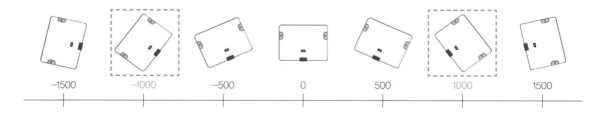

X축 가속도, Y축 가속도 각각 '1000'을 기준으로 오브젝트가 움직이게 만들어봅시다.

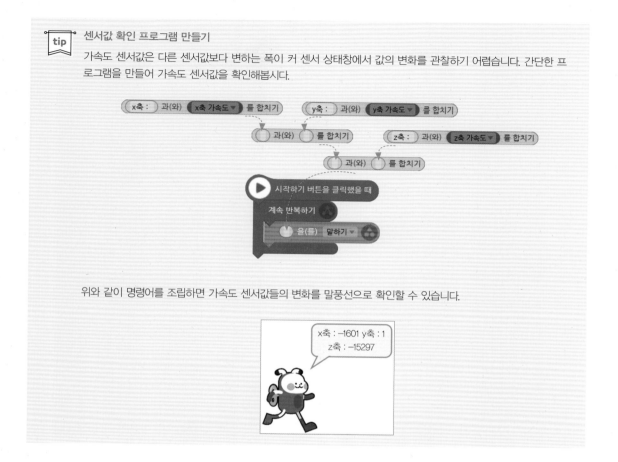

tip **센서값 확인 프로그램 만들기**

가속도 센서값은 다른 센서값보다 변하는 폭이 커 센서 상태창에서 값의 변화를 관찰하기 어렵습니다. 간단한 프로그램을 만들어 가속도 센서값을 확인해봅시다.

위와 같이 명령어를 조립하면 가속도 센서값들의 변화를 말풍선으로 확인할 수 있습니다.

분석 결과를 바탕으로 가속도 센서를 사용해 오브젝트를 움직일 수 있는 프로그램을 만들기 위해 다음과 같은 가설을 설정할 수 있습니다.

가설 설정 : X축, Y축의 가속도 기준값을 정해서 그 이상과 이하로 되었을 때 오브젝트가 움직이게 한다.

위의 가설을 검증할 수 있는 프로그램을 설계해봅시다.

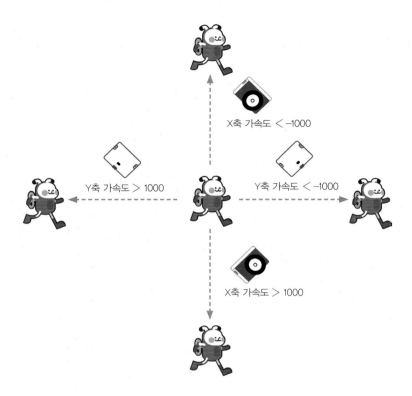

다음 2가지 블록을 사용하여 햄스터의 X축 Y축 가속도 센서 기준값이 1000보다 커졌는지, -1000보다 작아졌는지 계속 판단할 수 있습니다.

설계된 내용에 따라 프로그램을 다음과 같이 작성할 수 있습니다.

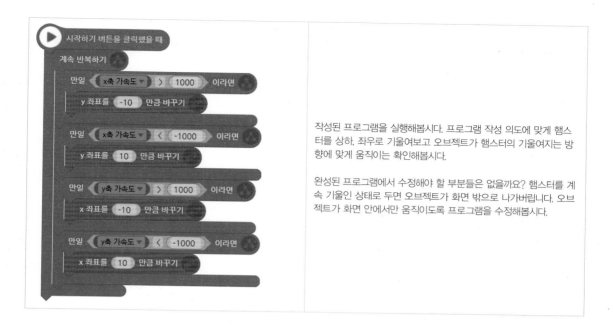

작성된 프로그램을 실행해봅시다. 프로그램 작성 의도에 맞게 햄스터를 상하, 좌우로 기울여보고 오브젝트가 햄스터의 기울여지는 방향에 맞게 움직이는 확인해봅시다.

완성된 프로그램에서 수정해야 할 부분들은 없을까요? 햄스터를 계속 기울인 상태로 두면 오브젝트가 화면 밖으로 나가버립니다. 오브젝트가 화면 안에서만 움직이도록 프로그램을 수정해봅시다.

x좌푯값이 −240보다 크고 240보다 작을 때, y좌푯값이 −130보다 크고 130보다 작을 때만 오브젝트가 움직일 수 있도록 '그리고' 블록을 사용해 조건을 추가합니다.

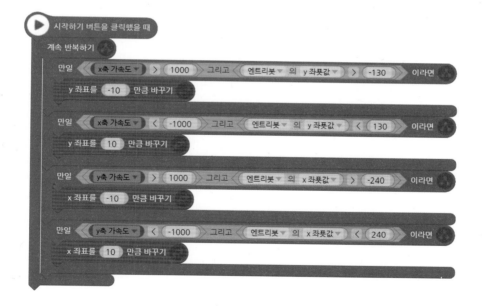

다음과 같이 문제 해결 방법을 확장하려면 어떻게 프로그래밍 해야 할까요?

햄스터 조이스틱으로 미로 통과하기 게임을 해봅시다.

(엔트리봇이 좀 더 천천히 움직이도록 프로그램을 수정하고 미로에 닿으면 게임이 끝나게 만드는 프로그램을 추가하였습니다.)

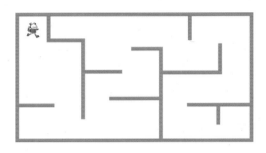

〈예시 프로그램〉

```
시작하기 버튼을 클릭했을 때
계속 반복하기
   만일  x축 가속도▼ > 1500  그리고  엔트리봇▼ 의  y 좌푯값▼ > -130  이라면
      y 좌표를 -0.5 만큼 바꾸기

   만일  x축 가속도▼ < -1500  그리고  엔트리봇▼ 의  y 좌푯값▼ < 130  이라면
      y 좌표를 0.5 만큼 바꾸기

   만일  x축 가속도▼ > 1500  그리고  엔트리봇▼ 의  x 좌푯값▼ > -240  이라면
      x 좌표를 -0.5 만큼 바꾸기

   만일  y축 가속도▼ < -1500  그리고  엔트리봇▼ 의  x 좌푯값▼ < 240  이라면
      x 좌표를 0.5 만큼 바꾸기
```

```
시작하기 버튼을 클릭했을 때
계속 반복하기
   만일  미로(4)▼ 에 닿았는가? 이라면
      모든▼ 코드 멈추기
```

다음과 같이 문제 해결 방법을 확장하려면 어떻게 프로그래밍 해야 할까요?

햄스터를 기울이는 정도에 따라 오브젝트가 움직이는 정도를 다르게 해봅시다.

(x축 가속도 값의 구간을 500 단위로 나누고 각 구간마다 엔트리가 움직이는 정도를 다르게 하였습니다. 햄스터를 앞뒤로 기울이는 정도에 따라 오브젝트가 움직이는 정도도 달라집니다.)

〈예시 프로그램〉

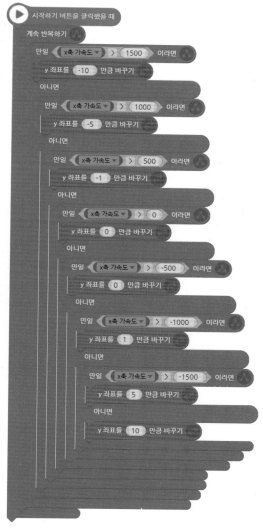

햄스터 로봇으로 축구하기

- 다양한 동작을 나타내는 프로그램을 작성해 햄스터 로봇을 조종할 수 있다.
- 제작 과정 속에서 변수의 쓰임에 대해 이해할 수 있다.
- 축구 선수들의 움직임을 관찰하고 프로그램으로 구현하는 과정 속에서 문제해결을 위한 프로그램 작성 방법을 이해할 수 있다.

로봇 축구는 초중고뿐만 아니라 로봇을 전문적으로 공부하는 대학교에서도 흔하게 연구 주제로 삼는 분야입니다. 세계적인 로봇 축구 경기가 있을 정도이며 우리나라도 각종 로봇 스포츠 대회를 개최하여 로봇 연구 활동을 장려하고 있습니다.

햄스터 로봇으로도 간단한 로봇 축구 경기를 할 수 있습니다. 물론 실제 로봇 축구 경기 수준에는 못 미치더라도 학습자가 관심을 보일만한 스포츠 경기를 로봇으로 구현한다는 흥미 유발 측면에서 매우 의미가 있습니다. 또한 축구 선수의 움직임이나 경기 규칙을 로봇으로 구현하는 과정은 컴퓨팅 사고력을 기르는 데 많은 도움을 줍니다.

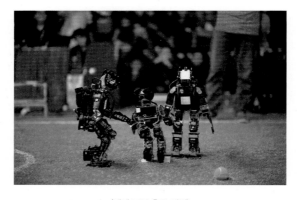

〈세계 로봇 축구 대회〉

이번 활동에서는 지금까지 배운 여러 가지 햄스터 프로그램을 활용하여 축구하는 로봇을 만들어가는 과정을 알아보도록 하겠습니다. 로봇 축구 경기를 하기 위해서는 햄스터 로봇과 PC가 2대씩 필요합니다. 그리고 축구공 역할을 할 탁구공도 준비합니다.

(1) 문제를 정의하고 표현해봅시다.

축구하는 로봇을 만들려면 먼저 축구 경기에서 선수들의 움직임을 관찰해야 합니다. 축구 선수들의 움직임 중에 햄스터로 구현할 수 있는 부분을 찾아 봅시다. 공을 드리블하는 모습, 같은 편 선수에게 공을 패스하는 모습, 공을 발로 강하게 킥하여 골대에 슛하는 모습, 공중볼 헤딩과 같은 선수들의 움직임을 발견할 수 있습니다.

〈실제 축구 경기〉

발견한 특징 중에서 햄스터 로봇으로 구현할 수 있는 요소를 추상화하여 아래와 같이 정리해봅시다.

[관찰]	[추상화]
• 드리블을 할 때 순간적으로 빠르게 달릴 때도 있고 천천히 공을 몰고 갈 때도 있다. • 발로 공을 강하게 차서 슛을 한다. • 패스, 헤딩, 드로잉, 몸싸움, 태클 등 다양한 기술을 사용한다.	• 선수들은 계속 움직이며 상황에 따라 빠르게 달리기도 한다. • 공에 강한 힘을 주어 슛을 한다.

문제를 해결하기 위하여 문제를 조금 더 자세하게 나누어 봅시다. 본 활동에서 해결하고 싶은 문제를 다음과 같이 분해하여 작은 문제로 나눌 수 있습니다.

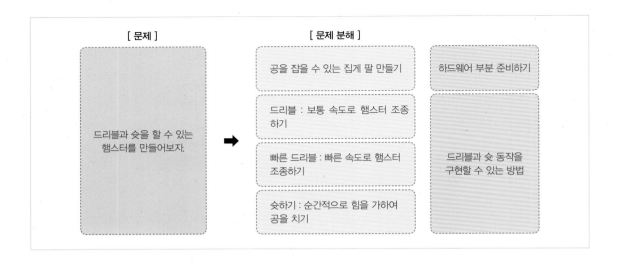

[문제]	[문제 분해]
드리블과 슛을 할 수 있는 햄스터를 만들어보자.	공을 잡을 수 있는 집게 팔 만들기
	드리블 : 보통 속도로 햄스터 조종하기
	빠른 드리블 : 빠른 속도로 햄스터 조종하기
	슛하기 : 순간적으로 힘을 가하여 공을 치기

하드웨어 부분 준비하기

드리블과 슛 동작을 구현할 수 있는 방법

햄스터로 구현할 수 있는 축구 선수의 움직임을 작은 단위로 나누어 보았는데, 분해한 문제를 구조화하여 보면 다음과 같습니다. 문제 해결을 위해서 구조화할 부분은 크게 2가지로 나뉩니다. 햄스터를 조종하는 것과 슛 동작입니다.

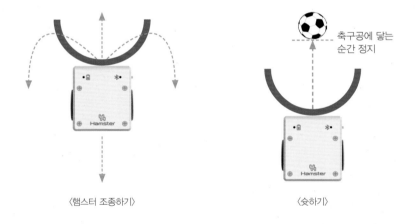

〈햄스터 조종하기〉　　　　　　　〈슛하기〉

① 방향키로 햄스터를 움직일 수 있는 프로그램을 응용하되 속도에 변화를 줄 수 있는 방법을 추가적으로 생각해야 한다.
② 발로 강하게 킥을 하여 슛을 하는 것처럼 햄스터가 순간적으로 빠르게 전진한 후 탁구공에 닿았을 때 정지해야 공을 치는 효과를 낼 수 있다.

관찰과 추상화를 통해 구조화한 문제를 바탕으로 드리블, 빠르게 달리기, 슛과 같은 요소들을 구현하도록 문제를 정의해보면 다음과 같습니다.

드리블과 슛을 할 수 있는 햄스터를 만들어보자.

tip 집게 팔과 경기장 만들기

지금까지 만나 본 여러 가지 문제들은 별 다른 준비없이 햄스터 로봇만으로도 충분히 해결 가능했습니다. 조금 더 원활한 축구 경기를 위해서는 집게 팔과 같은 부착 장치가 필요합니다. 햄스터 로봇이 탁구공을 드리블할 때 공이 빠져나가지 않도록 집게 팔을 만들어 줍시다.

플라스틱 병을 잘라 양면 테이프나 투명 테이프로 햄스터 앞부분에 붙여줍니다. 플라스틱 병 이외에도 수수깡, 빨대 등을 사용하거나 3D 프린터로 집게 팔을 만들 수 있습니다.

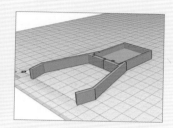

〈페트병 집게 팔〉　　　　　　　　〈빨대 집게 팔〉　　　　　　　　〈3D 프린팅 집게 팔〉

로봇 축구 경기장은 햄스터 미로판을 조립하여 만들 수 있습니다.

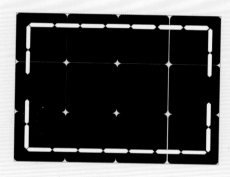

〈미로판을 조립해서 만든 경기장〉

(2) 문제 해결하기

드리블 속도에 변화를 주기 위해서는 햄스터 왼쪽 바퀴와 오른쪽 바퀴의 속도를 조절해야 합니다. 햄스터 속도에 변화를 주려면 방향키로 햄스터를 움직일 수 있는 프로그램에서 왼쪽 바퀴와 오른쪽 바퀴 속도를 바꾸어야 합니다.

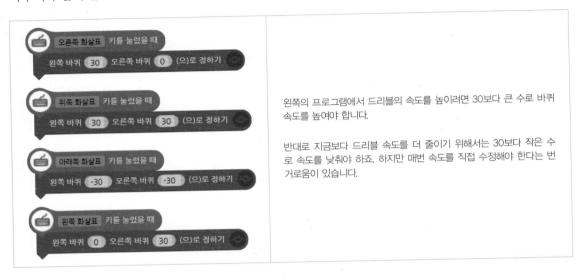

왼쪽의 프로그램에서 드리블의 속도를 높이려면 30보다 큰 수로 바퀴 속도를 높여야 합니다.

반대로 지금보다 드리블 속도를 더 줄이기 위해서는 30보다 작은 수로 속도를 낮춰야 하죠. 하지만 매번 속도를 직접 수정해야 한다는 번거로움이 있습니다.

사용자가 키보드의 특정키를 누르면 바퀴 속도값이 커지거나 작아지게 한다면 햄스터의 속도 조절이 가능할 것입니다. 예를 들어 다음과 같이 속도를 조절할 수 있습니다.

이때 '변수'를 이용해서 특정 키를 누르면 기존 속도에 추가 속력을 더해주거나 빼주어 프로그래밍의 수정 없이 축구 경기 도중에 속도 조절을 할 수 있습니다.

1) 슛 쏘기

축구 선수가 공을 발로 차듯 햄스터가 탁구공을 치는 효과를 내기 위해서는 햄스터의 2가지 동작이 필요합니다. 햄스터가 순간적으로 빠르게 전진하는 것과 탁구공에 닿는 순간 정지하는 것입니다.

이 2가지 동작을 구현하기 위해 각 동작을 숫자 키 2개를 이용해 인위적으로 나누어주거나 숫자 키 1개로 2가지 동작이 순차적으로 나타나게 할 수 있습니다.

① 숫자 키 2개 이용하기
: 숫자 3키를 누르면 속도를 순간적으로 높여 전진하고 숫자 4키를 누르면 정지한다.

② 숫자 키 1개 이용하기
: 숫자 3키를 누르면 일정 시간동안 빠르게 전진한 후 정지한다.

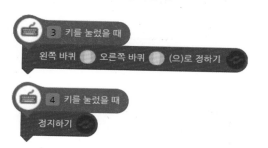

첫 번째 방법은 햄스터의 전진하는 시간을 사용자가 직접 제어할 수 있다는 장점이 있는 반면 슛을 할 때마다 숫자 키를 2번씩 눌러야 한다는 번거로움이 있습니다.

두 번째 방법은 순차 알고리즘을 이용해 숫자 키를 한 번만 눌러도 슛 동작을 구현할 수 있지만 햄스터가 전진하는 시간이 고정되어 있어 때에 따라 탁구공에 닿기 전에 햄스터가 정지하거나 탁구공에 닿는 순간 멈추지 않고 그대로 밀고 가는 경우가 생기게 됩니다.

2가지 방법 중 어떤 방법이 더 적합한지 프로그램에 구체적인 값을 넣어 테스트해 보고 적절한 바퀴 속도와 이동 시간을 찾아야합니다.

슛을 하기 위해서는 공에 강한 힘을 가해야 하기 때문에 햄스터 속도를 최대로 하는 것이 적절합니다. 두 번째 프로그램의 경우 햄스터가 이동하는 시간도 정해야 합니다. 보통 공이 햄스터 앞에 가까이 있을 때 슛을 하므로 1초 내외가 적절합니다.

분석 결과를 바탕으로 축구하는 로봇 프로그램을 만들기 위해 다음과 같은 가설을 설정할 수 있습니다.

가설 설정	프로그램이 실행되는 동안 햄스터 속도를 조절할 수 있다면 느린 드리블과 빠른 드리블 구현이 가능하고 햄스터가 공에 닿은 후 멈추면 공을 치는 효과를 낼 수 있을 것이다.

위의 가설을 검증할 수 있는 순서도를 설계해봅시다. '속력' 변수의 초기값을 30으로 정하고 1키를 눌렀을 때는 속력이 높아지고 2키를 눌렀을 때는 속력이 낮아지는 알고리즘을 다음과 같이 만들 수 있습니다.

다음은 '속력' 변수를 사용하여 속력 조절이 가능한 드리블 알고리즘입니다.

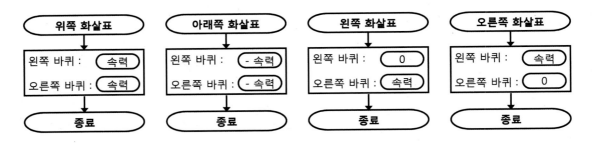

'속력' 변수를 만들어 속력 조절이 가능한 드리블 프로그램을 만들어봅시다.

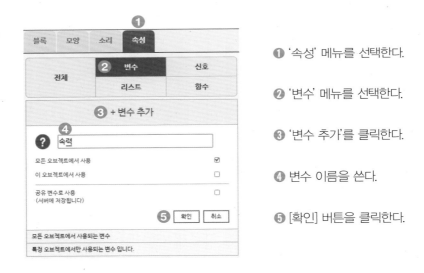

❶ '속성' 메뉴를 선택한다.

❷ '변수' 메뉴를 선택한다.

❸ '변수 추가'를 클릭한다.

❹ 변수 이름을 쓴다.

❺ [확인] 버튼을 클릭한다.

처음 속력을 30으로 정하고 1키를 누르면 속력이 1씩 커지고 2키를 누르면 속력이 1씩 작아지게 만듭니다.

'속력' 변수를 넣어 드리블 프로그램을 완성해봅시다. 후진하기는  블록을 사용하여 마이너스 부호를 붙여줍니다. 여기서 마이너스 부호는 반대 방향을 의미합니다.

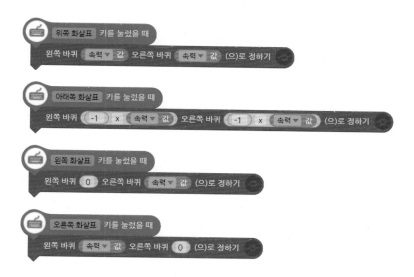

2) 슛하기

햄스터가 슛을 하는 프로그램을 만들어봅시다. 햄스터가 1초 동안 100만큼의 속력으로 전진하는 프로그램입니다.

작성된 프로그램을 실행하여 로봇 축구 경기를 해봅시다. 프로그램 작성 의도에 맞게 햄스터가 방향키에 맞게 잘 움직이는지, 속력 조절은 잘 되는지, 슛 동작이 제대로 구현되는지 등을 확인해봅시다.

만약, 의도된 대로 작동하지 않는 경우에는 이벤트 블록에 화살표 키와 숫자 키가 제대로 들어가 있는지, 변수 정하기 블록과 더하기 블록을 혼동하지는 않았는지, 양쪽 바퀴 속도에 알맞은 변수값이 들어가 있는지 점검해봅시다.

04 퀴즈 버저 만들기

- 햄스터 익스텐션 키트를 이용하여 퀴즈 버저를 만들 수 있다.
- 제작 과정 속에서 확장 보드 버튼 사용 방법을 이해할 수 있다.
- 퀴즈 버저가 작동되는 모습을 관찰하여 프로그램으로 구현하는 과정 속에서 문제 해결을 위한 프로그램 작성 방법을 이해할 수 있다.

"삐~! 정답은 햄스터 로봇입니다!"라는 멘트는 TV 퀴즈 방송에서 심심치 않게 볼 수 있는 장면이죠? 퀴즈 참가자는 아는 문제가 나올 때 앞에 있는 버튼을 눌러 버저음 소리를 내거나 LED 불을 밝힙니다. 버튼은 우리 주변에서 가장 많이 쓰이는 입력 장치 중 하나입니다. 지금 여러분이 있는 장소에 혹시 형광등이 있나요? 그 형광등을 켜고 끄는 기계 장치가 바로 버튼입니다.

버튼은 '켜기 / 끄기'의 2가지 상황을 구분해줍니다. 예를 들어 컴퓨터 전원 버튼을 누르면 컴퓨터가 버튼의 '켜기'라는 입력값을 받아 모니터 화면을 출력해주는 것이죠.

〈퀴즈 버저〉

이번 활동에서는 햄스터 로봇과 확장 보드의 버튼을 사용하여 누르면 소리가 나고 LED 불이 켜지는 퀴즈 버저 하드웨어를 조립한 뒤, 퀴즈 버저 사용 모습을 관찰하여 프로그램을 통해 구현해가는 과정을 알아보도록 하겠습니다.

이 활동을 위해서는 햄스터 로봇과 함께 햄스터 로봇 익스텐션 키트가 필요한데, 그중 버저의 버튼 역할을 할 확장 보드의 버튼이 필요합니다.

(1) 문제를 정의하고 표현해봅시다.

햄스터 로봇을 이용하여 퀴즈 버저를 만들려면 먼저 퀴즈 버저를 어떻게 사용하는지 관찰해야 합니다. 퀴즈 버저를 작동시키기 위해 어떤 행동을 해야 하고 퀴즈 버저에는 어떤 기능이 있는지 살펴봅시다. 퀴즈 버저를 사용하는 모습을 관찰해보면 퀴즈 버저는 버튼을 눌러서 사용한다는 점, 버튼을 누르면 소리가 나거나 불이 켜지는 등 다양한 특징을 발견할 수 있습니다.

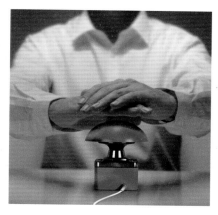

〈퀴즈 버저 사용하기〉

관찰 내용을 바탕으로 햄스터 로봇을 통해 표현할 수 있는 퀴즈 버저 사용 모습을 추상화해보면 다음과 같이 정리해볼 수 있습니다.

[관찰]
- 버튼을 누르면 버저 소리가 난다.
- 버튼을 누르면 버튼에 불이 들어온다.

[추상화]
- 버튼을 눌러 피에조 스피커 소리를 낸다.
- 버튼을 눌러 LED 불을 밝힌다.

문제를 해결하기 위하여 문제를 조금 더 자세하게 나누어 보면 다음과 같습니다.

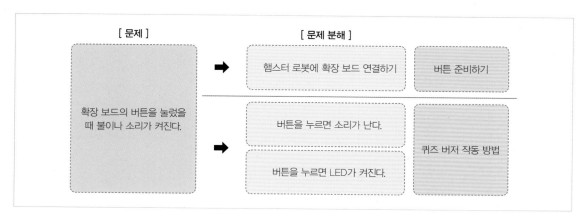

[문제]
확장 보드의 버튼을 눌렀을 때 불이나 소리가 켜진다.

[문제 분해]
- 햄스터 로봇에 확장 보드 연결하기 → 버튼 준비하기
- 버튼을 누르면 소리가 난다.
- 버튼을 누르면 LED가 켜진다. → 퀴즈 버저 작동 방법

분해된 문제를 살펴보면 본 문제 해결에 필요한 핵심 요소는 버튼을 누르는 행동과 햄스터의 피에조 스피커 소리, 양쪽 LED입니다. 이를 구조화하여 표현하면 다음과 같이 나타낼 수 있습니다.

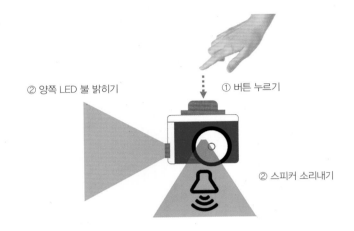

② 양쪽 LED 불 밝히기　　　　　① 버튼 누르기

② 스피커 소리내기

① 사람이 버튼을 누르는 행동은 '버튼 누름 / 버튼 누르지 않음' 2가지 값으로 입력받는다.
② 입력 받은 값에 따라 피에조 스피커와 양쪽 LED로 출력합니다. 버튼이 눌려진 상태라면 스피커 소리와 함께 양쪽 LED에 불을 밝힌다.

지금까지 관찰, 추상화, 문제 분해, 구조화 과정을 거친 결과, 퀴즈 버저의 가장 중요한 특징은 버튼을 눌렀을 때 작동된다는 것입니다. 햄스터 자체에 버튼이 없기 때문에 햄스터 확장 보드에 있는 빨간색 버튼을 사용해야 한다는 점을 생각하면서 문제를 정의하면 다음과 같습니다.

> **확장 보드의 버튼을 눌렀을 때 불이나 소리가 켜진다.**

확장 보드 연결해서 버튼 사용하기

햄스터 로봇의 확장 보드는 로봇의 윗면에 장착하여 확장 포트의 기능을 편리하게 사용하기 위한 목적으로 개발
되었습니다. 기존의 브레드 보드와 달리 번거로운 점퍼선이 필요하지 않고 부품만 정해진 위치에 꽂으면 바로 동
작합니다.

① 햄스터 로봇의 윗면에 있는 나사 4개를 모두 풉니다.

② 확장 키트에 들어 있는 보호판을 모양을 맞추어 올
려 놓습니다.

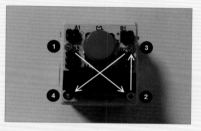

③ 확장 키트에 들어 있는 확장 보드를 모양을 맞추어
올려놓고, 확장 키트의 나사 4개를 대각선 방향의
순서대로 끼워 조입니다.

④ 확장 키트에 들어 있는 연결선을 각각 A1 왼쪽, B1
오른쪽이 꽂습니다. 연결선의 반대쪽을 햄스터 로
봇 앞쪽 아래에 있는 포트에 꽂습니다.

확장 보드의 버튼을 사용하기 위해 220 오옴(Ω) 저항을 연결해봅시다.

220 오옴(Ω) 저항을 B3-1과 B3-2에 꽂습니다. 저항은 방향성이 없기 때문에 방향을 맞추어 꽂을 필요는 없습
니다.

(2) 문제 해결하기

로봇이 준비되었으면, 이제 앞에서 문제 해결을 위해 구조화한 내용에 따라 버튼을 눌렀을 때 입력값의 변화를 살펴봅니다. 입력받은 값을 처리하여 어떤 결과를 출력할 지 프로그램을 설계해야 합니다.

버튼을 사용하기 전에 버튼에 연결된 포트 B가 입력 장치에 연결되어 있는지 출력 장치에 연결되어 있는지 정해주어야 합니다. 버튼은 '눌렀을 때/누르지 않았을 때' 2가지 상황을 0과 1로 표현할 수 있는 디지털 입력 장치입니다.

시작하기 버튼을 클릭했을 때 / 포트 B ▼ 를 디지털 입력 ▼ 으로 정하기	버튼에 연결된 포트 B를 디지털 입력으로 정합니다.

포트 B를 디지털 입력으로 정하지 않은 상태에서 버튼을 사용하면 0과 1이 아니라 1과 255라는 값을 나타냅니다.

	디지털 입력으로 정하기 전	디지털 입력으로 정한 후
버튼 눌렀을 때	입력 B 1	입력 B 0
버튼 누르지 않았을 때	입력 B 255	입력 B 1

> **tip** **버튼을 사용하기 위한 디지털 입력**
>
> 엔트리 프로그램으로 버튼을 사용하기 위해서는 다음과 같은 명령 블록을 이용합니다.
>
>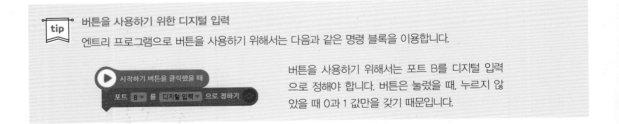
>
> 버튼을 사용하기 위해서는 포트 B를 디지털 입력으로 정해야 합니다. 버튼은 눌렀을 때, 누르지 않았을 때 0과 1 값만을 갖기 때문입니다.

풀업 저항과 풀다운 저항

풀업 또는 풀다운이 왜 필요한지를 이해하려면 먼저 플로팅(Floating) 상태라는 것을 알면 쉽습니다. 플로팅은 '떠 있다, 부유하는, 유동적인' 등의 뜻입니다. 디지털회로에서 플로팅 상태라고 하면, '알 수 없는 상태'라고 이해하면 됩니다.

햄스터 확장 보드의 버튼을 쓰기 위해서는 220오옴(Ω)짜리 저항이 필요한데 저항을 꽂지 않은 상태에서 '입력 B' 값을 보면 특정값으로 고정되는 것이 아니라 계속해서 값이 변하는 것을 확인할 수 있습니다. 이때 이 상태를 플로팅 상태라고 할 수 있습니다.

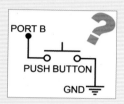

이 문제를 해결하기 위해 220오옴(Ω) 저항을 B3-1과 B3-2에 꽂아 풀업 저항을 만들어 줍니다. 여기서 풀업이란 플로팅 상태일 때의 값을 끌어올린다는 의미입니다. 당연히 플로팅 상태의 값을 올리기 때문에 버튼을 누르지 않았을 때의 상태는 플로팅 상태가 끌어올려진 1이 되겠죠?

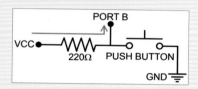

반대로 풀다운은 플로팅 상태의 값을 다운시켜버린다는 의미를 가지고 있습니다. 그렇기 때문에 버튼이 누르지 않았을 때의 값은 다운되서 0이 됩니다. 햄스터 확장 보드의 내부 회로는 저항 핀이 VCC단자에 달려 있기 때문에 풀업 저항을 사용하고 있습니다.

버튼이 눌러졌을 때 어떤 소리를 내고 무슨 색 LED를 켤지 정해야 합니다.

빈 칸에 100, 200, 300, 400, … 과 같은 수를 넣어 소리를 들어 보고 어떤 수를 넣었을 때 퀴즈 버저음과 비슷한 소리를 내는지 적당한 값을 찾는 분석 과정을 거쳐야 합니다.

LED의 색은 총 7가지입니다. 버튼이 눌러졌을 때 어떤 색으로 LED를 켤지 정합니다.

LED 색과 더불어 양쪽 LED를 켤지 한쪽만 켤지도 정해야 합니다.

분석 결과를 바탕으로 버튼을 누르면 소리를 내기 위해 다음과 같은 가설을 설정할 수 있습니다.

가설 설정	입력 B 값을 디지털 입력으로 정하여 0과 1로 변환한 다음 0일 때 버저음과 빛을 내고 1일 때 버저음과 빛을 끈다면 퀴즈 버 저 프로그램을 만들 수 있을 것이다.

위와 같은 가설을 구현하기 위해 순서도를 설계해보고 그에 따라 프로그래밍을 해봅시다.

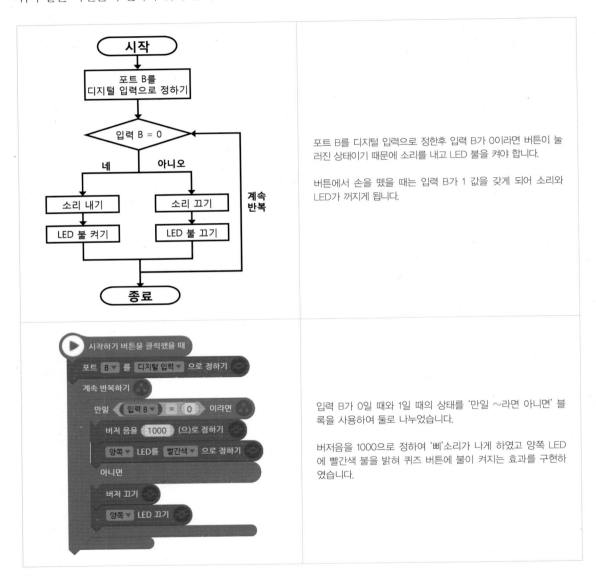

포트 B를 디지털 입력으로 정한후 입력 B가 0이라면 버튼이 눌러진 상태이기 때문에 소리를 내고 LED 불을 켜야 합니다.

버튼에서 손을 뗐을 때는 입력 B가 1 값을 갖게 되어 소리와 LED가 꺼지게 됩니다.

입력 B가 0일 때와 1일 때의 상태를 '만일 ~라면 아니면' 블록을 사용하여 둘로 나누었습니다.

버저음을 1000으로 정하여 '삐'소리가 나게 하였고 양쪽 LED에 빨간색 불을 밝혀 퀴즈 버튼에 불이 켜지는 효과를 구현하였습니다.

작성된 프로그램을 실행하여 확장 보드의 버튼을 눌러봅시다. 프로그램의 작성 의도에 맞게 동작하는지 확인해봅시다.

버튼을 눌렀을 때 버저 음 소리가 나는지, 빨간색 LED 불이 잘 켜지는지 점검합니다. 만약, 의도된 대로 작동하지 않는 경우에는 확장 키트에 저항이 잘 연결되었는지 포트 B를 디지털 입력으로 정하였는지 다시 살펴봅니다.

스스로 해보기

다음과 같이 동작을 확장하려면 어떻게 프로그래밍 해야 할까요?

햄스터 로봇이 앞으로 달려가다가 확장 보드의 빨간색 버튼을 누르면 정지하게 만들려면 어떻게 해야 할까요?

(오른쪽은 버튼을 누르지 않았을 때는 양쪽 바퀴를 30의 속도로 직진하다가 버튼을 누르면 정지하고 반복을 중단하는 예시 프로그램입니다.)

〈예시 프로그램〉

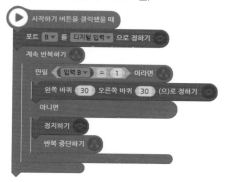

05 LED 촛불 표현하기

- 햄스터 익스텐션 키트를 이용하여 LED 촛불을 표현할 수 있다.
- 제작 과정 속에서 LED 사용 방법을 이해할 수 있다.
- 촛불이 전등과 다른 점을 비교하여 관찰하고 프로그램으로 촛불의 특징을 구현하는 과정 속에서 문제 해결을 위한 프로그램 작성 방법을 이해할 수 있다.

촛불은 전기가 발명되기 전에 밤에도 책을 읽거나 일을 해야 할 때 사용되었던 생활 필수품이었습니다. 하지만 오늘날 전기의 발명으로 형광등이나 LED가 그 역할을 대신하고 있습니다. 간혹 집에서 향초를 켜거나 집회를 할 때 촛불을 볼 수 있습니다.

촛불과 전등은 어두운 곳을 밝게 만든다는 점에서 서로 비슷해 보이지만 다른 점도 매우 많습니다. 햄스터로 촛불을 구현하려면 촛불만의 특별한 점을 찾아야합니다. 촛불이 전등과 다른 점을 찾고 그 특징을 교육용 LED 부품을 이용해 표현해봅시다.

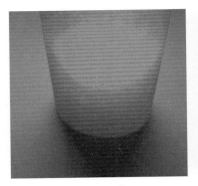
〈A4 용지로 감싼 LED 불빛〉

〈종이컵으로 덮은 LED 불빛〉

이번 활동에서는 햄스터 로봇에 확장 보드, LED를 장착한 뒤, 일반 전등과 촛불의 모습을 관찰하고 촛불의 특징을 프로그램을 통해 구현해가는 과정을 알아보도록 하겠습니다. 이 활동을 위해서는 햄스터 로봇과 함께 햄스터 로봇 익스텐션 키트가 필요한데, 그중 촛불을 표현하기 위해 LED가 필요합니다.

(1) 문제를 정의하고 표현해봅시다.

햄스터 로봇을 이용하여 촛불의 모습을 표현하려면 먼저 촛불과 전등을 비교하여 관찰하고 촛불이 갖고 있는 특징 중에 전등과 다른 점을 찾아야 합니다.

〈촛불〉

〈전등〉

촛불이 타고 있는 모습을 관찰해 보면 겉불꽃과 속불꽃, 촛불의 밝기, 촛불이 켜지고 꺼지는 방식, 촛농, 촛불에서 생기는 열 등 여러 가지 특징을 찾을 수 있습니다. 관찰 내용을 바탕으로 햄스터 로봇을 통해 표현할 수 있는 촛불의 모습을 추상화해보면 아래와 같이 정리할 수 있습니다.

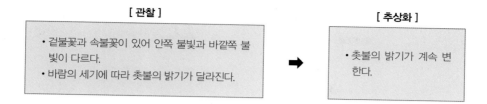

[관찰]	[추상화]
• 겉불꽃과 속불꽃이 있어 안쪽 불빛과 바깥쪽 불빛이 다르다. • 바람의 세기에 따라 촛불의 밝기가 달라진다.	• 촛불의 밝기가 계속 변한다.

문제를 해결하기 위하여 문제를 조금 더 자세하게 나누어서 살펴보면 다음과 같습니다.

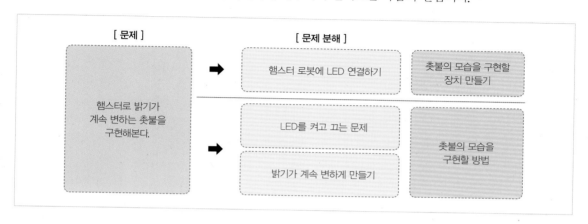

관찰 내용과 분해된 문제를 살펴보면 본 문제 해결에 필요한 핵심 요소는 LED의 밝기값과 밝기 지속 시간입니다. 이를 구조화하여 표현하면 다음과 같이 나타낼 수 있습니다.

① LED 밝기값
: 무작위로 계속 변함

② 밝기 지속 시간
: 무작위로 계속 변함

① LED 밝기값은 일정하지 않고 일정 범위에 따라 계속 변해야 한다.
② 밝기 지속 시간도 일정하지 않고 일정 범위에 따라 계속 변해야 한다.

우리가 문제 해결에 사용할 햄스터와 LED의 특징을 고려하여 다음과 같이 문제를 정의해볼 수 있습니다.

> **햄스터의 익스텐션 키트의 LED로 밝기가 계속 변하는
> 촛불을 구현해보자.**

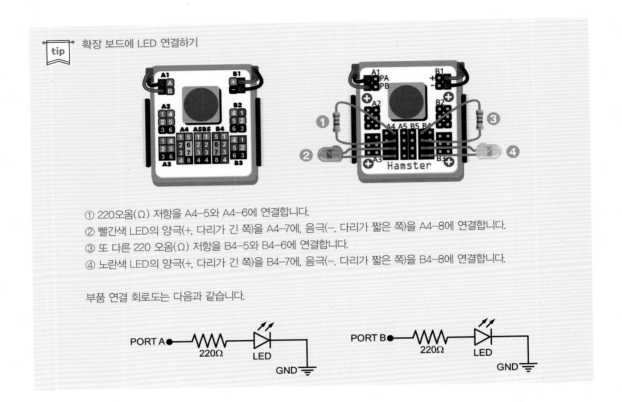
(2) 문제 해결하기

로봇이 준비되었으면, 이제 앞에서 문제 해결을 위해 구조화한 내용에 따라 LED가 가장 어두울 때의 값과 가장 밝을 때의 값을 정하고 그 지속 시간이 몇 초부터 몇 초 사이가 적당한지 정하기 위해서 데이터 분석 과정이 필요합니다. 출력 A와 B에 0부터 255까지의 수를 넣어 보고 LED 밝기 정도를 관찰해봅시다.

출력 A 값이 커질수록 불빛이 강하다는 것을 확인할 수 있습니다. PWM 출력은 0부터 255까지의 값을 갖습니다. 0일 때는 불이 꺼지고 1부터 255단계까지의 밝기를 표현할 수 있습니다.

데이터 분석 결과 출력 A는 '100부터 255' 사이의 값이 적당합니다.

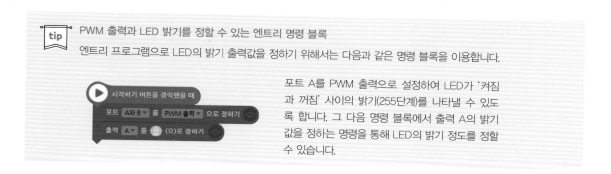

무작위 수에 100부터 255사이의 수를 넣어보고 몇 초 단위로 밝기가 바뀌면 촛불이 흔들리는 것처럼 보일지 ⬤ 초 기다리기 값에 여러 수를 넣고 무작위수의 최솟값과 최댓값을 정해봅시다.

밝기 지속 시간이 1, 2, 3과 같이 자연수 단위로 이어지면 LED가 깜빡이는 것처럼 보여 촛불의 모습과는 거리가 멉니다.

⬤ 초 기다리기 에 1보다 작은 값을 넣어서 LED의 밝기 지속 시간이 1초가 넘지 않게 만들어봅시다. 0.1, 0.2, 0.3, …, 0.9 값을 차례로 넣어 어떤 수를 넣었을 때 가장 자연스럽게 촛불이 흔들리는 것처럼 보이는지 확인합니다.

지금까지 데이터 분석 결과를 바탕으로 촛불처럼 LED 밝기가 계속 변하게 만들기 위해 다음과 같은 가설을 설정할 수 있습니다.

위와 같은 가설을 구현할 수 있는 순서도를 설계하고 프로그래밍 해봅시다.

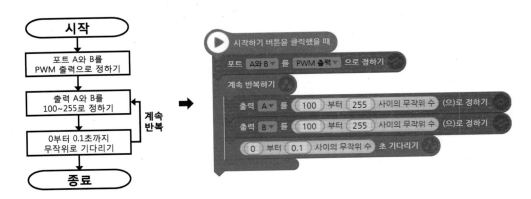

로봇이 프로그램의 작성 의도에 맞게 작동하는지 가설을 검증하기 위해 2개의 LED 모두 밝기가 일정하지 않게 계속 변하는 지 관점을 가지고 살펴보아야 합니다. 만약, 의도된 대로 작동하지 않는 경우에는 저항이나 LED의 연결 상태를 확인하거나 소프트웨어에 오류는 없는 지 다시 살펴봅니다.

LED를 그냥 두는 것보다 A4 용지를 둥글게 말아서 햄스터 로봇을 감싸거나 종이컵으로 덮고 나서 주변 조명을 꺼보세요. 멋있는 인테리어 조명이 됩니다.

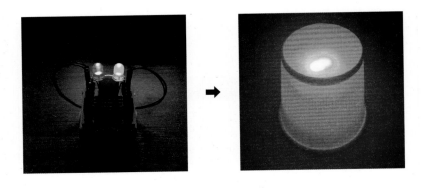

 스스로 해보기

다음과 같이 문제 해결 방법을 확장하려면 어떻게 프로그래밍 해야 할까요?

빛 센서를 이용해서 어두워지면 자동으로 LED 촛불이 켜지게 하려면 어떻게 해야 할까요?

(오른쪽은 밝기값이 10보다 작으면 LED 촛불이 켜지고 10보다 크면 불이 자동으로 꺼지는 예시 프로그램입니다.)

〈예시 프로그램〉

```
시작하기 버튼을 클릭했을 때
포트 A와 B ▼ 를 PWM 출력 ▼ 으로 정하기
계속 반복하기
    만일 밝기 ▼ < 10 이라면
        밝기 ▼ > 10 이 될 때까지 ▼ 반복하기
            출력 A ▼ 를 100 부터 255 사이의 무작위 수 (으)로 정하기
            출력 B ▼ 를 100 부터 255 사이의 무작위 수 (으)로 정하기
            0 부터 0.1 사이의 무작위 수 초 기다리기
    아니면
        출력 A와 B ▼ 를 0 (으)로 정하기
```

06 꼬리가 움직이는 햄스터 로봇

- 햄스터 익스텐션 키트를 이용하여 동물의 꼬리 부분을 표현할 수 있다.
- 제작 과정 속에서 서보 모터 사용 방법을 이해할 수 있다.
- 움직임을 관찰하고 프로그램으로 구현하는 과정 속에서 문제 해결을 위한 프로그램 작성 방법을 이해할 수 있다.

우리 주변에서 볼 수 있는 로봇들 중에는 자동차와 같은 로봇도 있지만, 사람의 동작이나 동물의 움직임을 흉내내는 로봇들도 쉽게 볼 수 있습니다. 특히 고속도로 휴게소나 장난감 상점에 가보면 강아지 형태의 장난감이 계속해서 꼬리를 움직이면서 아이들의 호기심을 자극하고, 아이들은 그러한 모습을 보면서 즐거워하는 모습을 자주 볼 수 있습니다.

이렇게 반려동물을 좋아하는 아이들의 특성을 이용해 호기심을 유발하면서 학습 효과도 높일 수 있도록 완제품 형태의 장난감 동물 로봇을 교육에 활용하기도 하고, 동물 형태의 로봇을 만들고 프로그래밍하는 과정을 통해 교육 활동이 이루어지기도 합니다.

〈시중에서 판매 중인 강아지 로봇〉　　　　　　　〈햄스터 로봇을 이용한 강아지 로봇〉

이번 활동에서는 햄스터 로봇에 추가적인 부품을 연결하여 강아지처럼 꼬리를 흔드는 로봇을 제작한 뒤, 동물의 움직임을 관찰하고 분해하여 프로그램을 통해 구현해서 작동하는 과정을 알아보도록 하겠습니다. 이 활동을 위해서는 햄스터 로봇과 함께 햄스터 로봇 익스텐션 키트가 필요한데, 그중 꼬리의 동작을 만들기 위해서 서보모터 및 서보 혼이 필요합니다.

(1) 문제를 정의하고 표현해봅시다.

햄스터 로봇을 이용하여 동물들의 움직임을 표현하려면 먼저 강아지, 다람쥐, 고양이 같이 표현하고자 하는 동물의 움직임을 관찰해야 합니다. 동물들의 꼬리가 어떤 방식으로 움직이는지 살펴봅시다. 강아지의 움직임을 관찰해보면 네 발을 이용해서 다양하게 움직이기도 하고, 사람을 만나면 꼬리를 흔들면서 반가움을 표시하기도 합니다.

〈강아지의 모습〉

관찰 내용을 바탕으로 햄스터 로봇을 통해 표현할 수 있는 강아지의 꼬리 움직임을 추상화해봅시다.

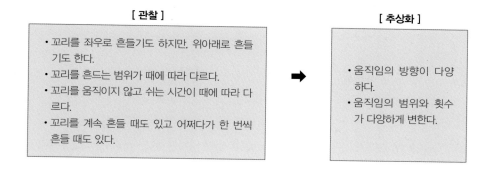

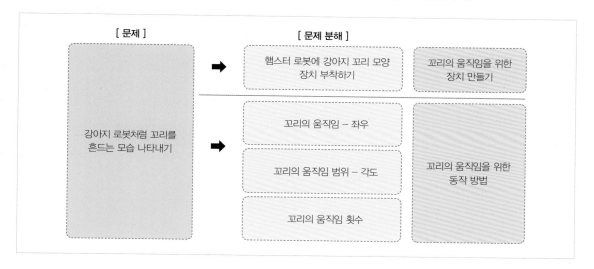

관찰 내용과 분해된 문제를 살펴보면 본 문제 해결에 필요한 핵심 요소는 서보모터의 움직이는 범위를 조절하기 위한 각도, 움직이는 시간 및 움직이는 횟수 등입니다. 이를 구조화하여 표현하면 다음과 같이 나타낼 수 있습니다.

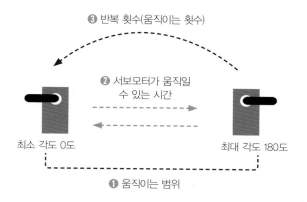

① 서보모터의 최소 각도와 최대 각도에 따라 꼬리가 움직이는 범위가 정해진다.

② 서보모터가 움직일 수 있는 시간이 필요하다.

③ 위 동작이 반복되는 횟수에 따라 꼬리가 움직이는 횟수가 정해진다.

꼬리의 움직임 방향이 다양하게 관찰되었지만, 로봇의 서보모터 1개를 가지고 표현할 수 있는 움직임의 방향은 한 방향 밖에 표현할 수 없습니다. 이 때문에 로봇의 동작과 연계하여 추상화한 내용과 문제를 분해하여 구조화한 내용을 바탕으로 문제를 정의하면 다음과 같습니다.

> **서보모터를 좌우의 방향으로 범위와 횟수가 불규칙하게 움직여**
> **꼬리의 움직임을 표현한다.**

tip 서보모터로 햄스터 꼬리 만들기

① 하얀색 플라스틱 부품을 서보모터의 축에 끼워서 꼬리 모양을 만듭니다.

② 서보모터의 뒷면(연결선이 없는 면)에 양면테이프나 투명 테이프를 말아서 붙입니다.

③ 서보모터를 햄스터 로봇의 뒤쪽 위에 걸쳐서 붙입니다.

④ 서보모터의 연결선이 길기 때문에 햄스터 로봇을 한 바퀴 감고, 연결선의 주황색 선(데이터)이 A2-1에, 빨간색 선(VCC)이 A2-2에, 갈색 선(GND)이 A2-3에 위치하도록 방향을 맞추어 확장 보드에 꽂습니다.

※ 확장 보드에 연결된 포트를 다시 확인해 보세요.

 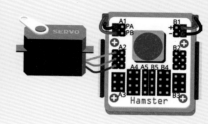

(2) 문제 해결하기

햄스터 로봇이 꼬리를 흔드는 것처럼 보이게 하게 위하여 서보 모터의 혼을 좌우로 움직여야 하는데, 어떻게 움직였을 때 꼬리가 흔드는 것처럼 보이는지 구동하여 보고 그 자료를 분석하여 봅시다. 서보모터에 다양한 값을 넣어 움직임을 살펴본 뒤 출력 A에 어떤 값을 넣었을 때 왼쪽으로 움직이고, 또 오른쪽으로 움직이는지 자료를 분석해야 합니다.

〈출력 포트 A의 값에 따른 서보모터의 동작 분석〉

이때 프로그램을 통해 서보모터를 작동시켜 본 결과 서보모터의 혼이 좌우로 움직이는 것처럼 보이게 하기 위해서는, 출력 포트의 값을 10과 170으로 했을 때 가장 많이 좌우로 흔들리고, 2개의 값의 차이가 적을수록 적게 흔들리는 것처럼 보인다는 분석 결과를 도출할 수 있게 됩니다.

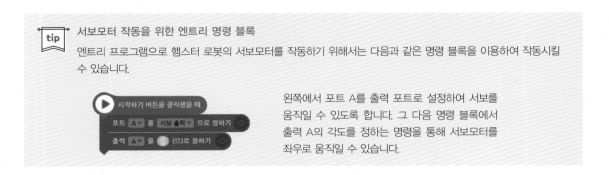

tip 서보모터 작동을 위한 엔트리 명령 블록
엔트리 프로그램으로 햄스터 로봇의 서보모터를 작동하기 위해서는 다음과 같은 명령 블록을 이용하여 작동시킬 수 있습니다.

왼쪽에서 포트 A를 출력 포트로 설정하여 서보를 움직일 수 있도록 합니다. 그 다음 명령 블록에서 출력 A의 각도를 정하는 명령을 통해 서보모터를 좌우로 움직일 수 있습니다.

분석 결과를 바탕으로 강아지처럼 꼬리를 흔드는 로봇 동작을 위해서 다음과 같은 가설을 설정할 수 있습니다.

가설 설정	서보모터가 움직이는 범위를 10부터 170사이로 정한다면 햄스터 로봇이 꼬리를 흔드는 것처럼 보일 것이다.

위와 같은 가설을 바탕으로 프로그램을 위한 순서도를 설계하고 프로그램을 다음과 같이 작성할 수 있습니다.

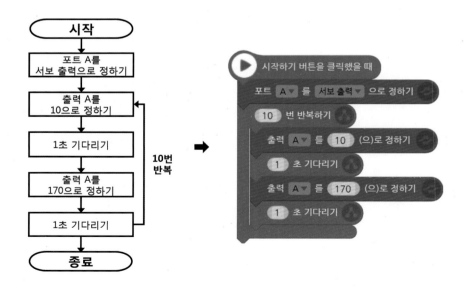

서보 모터가 동작하기 위해서는 서보모터가 움직일 각도와 관련된 출력값도 있지만, 지정된 출력값으로 이동하기 위한 시간이 필요합니다. 만약, 처음 서보모터가 0도 상태일 때 180도까지 이동해야 하는데, 지연 시간을 너무 짧게 주게 되면, 180도까지 이동하는 도중에 멈춰버리게 됩니다. 그래서 서보모터를 작동하기 위해서는 각도와 시간을 동시에 주어야 합니다.

작성된 프로그램을 실행하여 로봇의 동작을 살펴본 다음, 프로그램의 작성 의도에 맞게 동작하는지 구현하고 실험해보도록 합니다. 서보모터가 좌우로 움직이면서 꼬리의 움직임을 잘 표현하고 있는지, 또 반복을 통해서 여러 번 움직이는지 등의 관점을 가지고 살펴봐야 합니다. 만약, 의도된 대로 작동하지 않는 경우에는 서보모터의 각도를 수정하거나 서보모터의 움직임 시간을 조정해보도록 합니다.

프로그램을 다음처럼 추가로 작성하여 꼬리의 움직임을 조금 더 다양하게 만들어 보고 무작위 수 발생을 이용하여 꼬리의 움직임 범위를 불규칙하게 바꿀 수도 있습니다.

 **스스로 해보기**

다음과 같이 동작을 확장하려면 어떻게 프로그래밍 해야 할까요?

햄스터 로봇에 손을 가까이 가져갔을 때만 로봇이 반가워서 꼬리를 움직이게 하려면 어떻게 해야 할까요?

(오른쪽은 햄스터의 밝기 센서를 이용하여 손을 가져갔을 때 밝기 센서의 값의 변화로 손을 인식한 후 꼬리를 흔드는 것처럼 보이게 하는 예시 프로그램입니다.)

〈예시 프로그램〉

> ▶ 시작하기 버튼을 클릭했을 때
> 포트 A ▼ 를 서보 출력 ▼ 으로 정하기
> 계속 반복하기
> 　만일 〈 밝기 ▼ 〈 40 〉 이라면
> 　　출력 A ▼ 를 10 부터 80 사이의 무작위 수 (으)로 정하기
> 　　0.5 초 기다리기
> 　　출력 A ▼ 를 90 부터 170 사이의 무작위 수 (으)로 정하기
> 　　0.5 초 기다리기

07 컵 따라 돌기

- 미로찾기용 커버의 사용 방법을 알 수 있다.
- 근접 센서를 이용하여 컵 따라 돌기 프로그래밍을 할 수 있다.
- 햄스터 로봇의 근접 센서를 활용해 컵 돌기 프로그램을 만드는 과정 속에서 문제 해결을 위한 프로그램 작성 방법을 이해할 수 있다.

햄스터가 컵을 따라 원 모양으로 회전하게 만드는 방법은 크게 2가지가 있습니다. 왼쪽 바퀴와 오른쪽 바퀴 속도에 차이를 두어 회전하게 만드는 방법이 있는가 하면 햄스터가 근접 센서로 컵이 앞에 있는 지 없는 지 감지해가며 회전하는 방법이 있습니다. 2가지 방법의 차이는 무엇일까요?

첫 번째 방법은 컵의 크기에 맞춰 회전 폭을 정하기 위해 미리 바퀴 속도에 차이를 두어야 하지만 두 번째 방법은 근접 센서를 사용해 컵을 감지했을 때, 감지하지 않았을 때 2가지 상황의 햄스터 움직임 변화에 의해 컵을 회전하게 합니다.

〈종이컵을 따라 도는 햄스터〉

이번 활동에서는 햄스터 로봇에 미로찾기용 커버의 센서 반사판을 장착하여 근접 센서의 감지 범위를 바꾼 후 컵을 따라 회전하는 로봇을 구현하는 과정을 알아보도록 하겠습니다. 이 활동을 위해서는 햄스터 로봇과 함께 미로 찾기용 커버가 필요한데, 그 중 근접 센서의 감지 범위를 왼쪽, 오른쪽으로 바꾸어 줄 양쪽 센서 반사판이 필요합니다.

tip **센서 반사판 장착하기**
햄스터가 좌우에 있는 컵을 감지할 수 있도록 양쪽 센서 반사판을 장착해봅시다.

※ 미로 찾기용 커버(Maze Solver Cover) 구성품 : 미로 찾기 및 슬라럼 주행 등을 할 때 사용하는 반사판 부품 3종과 레고 블록 커버 1개로 구성되어 있습니다(나노 블록 커버 1개는 증정품입니다.).

① 레고 블록 커버를 장착합니다.

레고 블록

  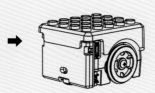

② 양쪽 센서 반사판을 레고 블록 커버에 장착합니다.

위에서 누르면 끼울 수 있습니다. 뒤에서 앞으로 밀면 뺄 수 있습니다.

tip 미로 찾기용 커버(Maze Solver Cover)

미로 찾기용 커버를 햄스터에 장착하면 근접 센서의 감지 범위를 햄스터의 좌우측으로 바꾸어 줍니다. 센서 반사판은 주로 슬라럼 주행, 미로 찾기 등을 할 때 사용할 수 있습니다.

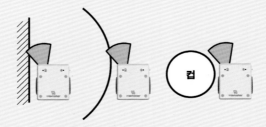

〈반사판 장착 전의 근접 센서 감지 범위〉

센서 반사판을 부착하지 않으면 측면의 장애물을 감지하기가 어렵습니다. 컵을 따라 돌기 위해서는 로봇 왼쪽에 있는 물체를 감지할 수 있어야 합니다.

〈반사판 장착 후의 근접 센서 감지 범위〉

(1) 문제를 정의하고 표현해봅시다.

햄스터 로봇이 근접 센서를 사용해 컵을 따라 돌게 만들려면 먼저 햄스터에 양쪽 센서 반사판을 장착하고 햄스터를 컵에 가까이 가져갔을 때 근접 센서값이 어떻게 변하는지 관찰해야 합니다.

〈햄스터와 종이컵〉

햄스터를 컵 가까이 가져가 보며 근접 센서값이 어떻게 변하는 지 관찰해보면 근접 센서값의 범위가 앞쪽에서 좌우측으로 달라진 점, 햄스터가 컵을 따라 일정하게 돌려면 햄스터가 컵과 가까워졌을 때, 멀어졌을 때 움직임이 달라야 한다는 점 등을 발견할 수 있습니다.

관찰 내용을 바탕으로 햄스터가 컵을 따라 움직이는 데 필요한 요소를 추상화해보면 아래와 같이 정리할 수 있습니다.

[관찰]	[추상화]
• 근접 센서를 사용해 물체가 가까이 있는 지 감지할 수 있다. • 센서 반사판을 장착하면 근접 센서의 범위를 바꿔준다. • 햄스터가 컵을 따라 일정한 거리를 유지하며 돌기 위해서는 컵과 가까워졌을 때, 멀어졌을 때 움직임이 달라야 한다.	• 근접 센서로 컵을 감지한다. • 컵과 햄스터 사이의 근접 센서값을 사용해 컵을 따라 회전시킨다.

문제를 해결하기 위하여 문제를 조금 더 자세하게 나누어 봅시다. 본 활동에서 해결하고 싶은 문제를 다음과 같이 분해하여 작은 문제로 나누어 봅시다.

[문제]

햄스터가 근접 센서로 컵을 감지하고 그 값에 따라 회전하기

[문제 분해]

- 햄스터 로봇에 양쪽 센서 반사판 장착하기
- 햄스터 옆에 있는 컵을 감지할 입력 장치 준비하기
- 햄스터 옆에 있는 컵 감지하기
- 컵이 가까이 있을 때의 움직임과 멀리 있을 때의 움직임 정하기
- 컵을 따라 도는 방법

관찰 내용과 분해된 문제를 살펴보면 본 문제 해결에 필요한 핵심 요소는 컵과 햄스터 사이의 거리와 그에 따라 움직이는 방향입니다. 이를 구조화하여 표현하면 다음과 같이 나타낼 수 있습니다.

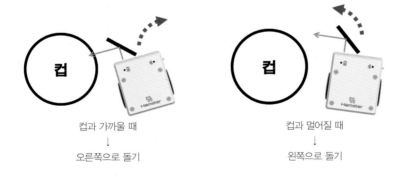

컵과 가까울 때
↓
오른쪽으로 돌기

컵과 멀어질 때
↓
왼쪽으로 돌기

① 컵과 햄스터 사이의 거리는 '가까울 때'와 '멀 때'의 2가지 상황으로 나눌 수 있다.

② 컵과 햄스터 사이의 거리가 가까울 때는 오른쪽으로 회전하고 멀어질 때는 왼쪽으로 회전하는 동작을 계속 반복하여 컵을 따라 돈다.

지금까지 추상화, 문제 해결, 구조화 결과, 컵을 따라 도는 햄스터를 만들기 위해서는 근접 센서값의 변화를 이용해야 합니다. 햄스터 옆에 있는 컵을 감지하기 위해 근접 센서와 센서 반사판을 사용해야 한다는 점을 생각하며 문제를 정의하면 다음과 같습니다.

> **햄스터가 근접 센서로 컵을 감지하고 그 값에 따라 회전한다.**

(2) 문제 해결하기

로봇이 준비되었으면, 이제 앞에서 문제 해결을 위해 구조화한 내용에 따라 컵과 햄스터 사이의 거리에 따른 근접 센서값의 변화를 살펴보아야 합니다. 컵과 햄스터 사이의 거리가 가까울 때와 멀 때를 나누는 기준값을 정해야하기 때문입니다.

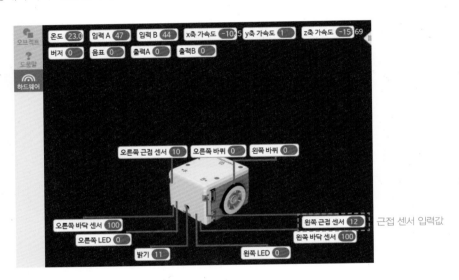

미로 찾기용 반사판을 이용해 햄스터 왼쪽에 있는 컵까지의 거리를 측정해봅시다. 컵에 햄스터를 가까이 두면 근접 센서값이 커지고 멀리 떨어지면 근접 센서값이 작아집니다. 햄스터가 컵과 일정 거리만큼 유지하며 컵을 돌아야 한다는 점을 생각하면서 기준이 되는 근접 센서값을 정해봅시다. 10정도가 적당합니다.

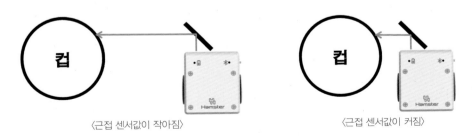

〈근접 센서값이 작아짐〉　　　　　　　　〈근접 센서값이 커짐〉

햄스터가 회전하는 방향을 바꾸는 기준이 되는 근접 센서값을 정했다면 이제는 햄스터가 각 상황마다 얼마나 회전해야 할지 왼쪽 바퀴, 오른쪽 바퀴 출력값을 분석해야 합니다.

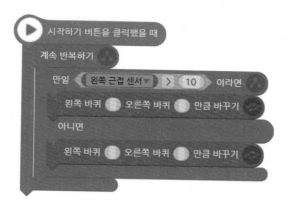

왼쪽, 오른쪽 바퀴에 적당한 수를 넣어서 실험해봅시다. 어떤 값을 넣었을 때 가장 부드럽게 회전하는지 확인해보며 프로그램을 계속 수정합니다.

예를 들어 양쪽 바퀴에 속도 차이를 너무 크게 두면 햄스터가 뒤뚱거리며 컵을 돌고 속도 차이가 너무 작으면 햄스터가 컵에 부딪히거나 컵 주변의 경로를 이탈하는 경우가 생깁니다.

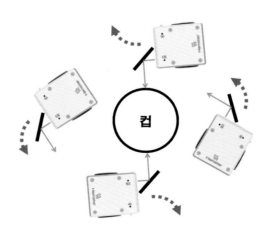

이와 같은 데이터 분석 작업을 거쳐 경로를 이탈하지 않으면서 최대한 부드럽게 회전할 수 있는 적당한 속도 차이를 찾아야 합니다.

왼쪽 근접 센서가 10보다 컸을 때, 즉 햄스터가 컵과 가까워졌을 때는 왼쪽 바퀴를 30으로 하고 오른쪽 바퀴를 0으로 하여 우회전하게 하고 반대로 컵과 멀어졌을 때는 다시 컵 쪽으로 좌회전할 수 있게 왼쪽 바퀴를 0, 오른쪽 바퀴를 30으로 정합니다. 분석 결과를 바탕으로 컵을 따라 도는 햄스터를 만들기 위해 다음과 같은 가설을 설정할 수 있습니다.

가설 설정	근접 센서값이 10보다 크면 오른쪽으로 회전하고 10보다 작으면 왼쪽으로 회전하는 동작을 반복한다면 컵을 따라 도는 것처럼 보일 것이다.

위와 같은 가설을 바탕으로 프로그램을 위한 순서도를 설계해봅시다.

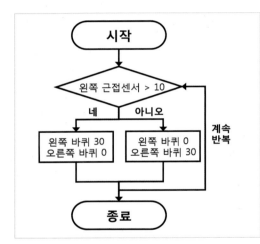

왼쪽 근접 센서값 10을 기준으로 10보다 크면 왼쪽 바퀴 속도를 30, 오른쪽 바퀴 속도를 0으로 하여 오른쪽 바퀴를 축으로 우회전하게 만듭니다.

왼쪽 근접 센서가 10보다 크지 않다는 것은 같거나 작은 상태이기 때문에 햄스터와 컵이 멀어졌다는 것을 뜻합니다. 이때 햄스터는 컵 쪽으로 돌아야 하기 때문에 왼쪽 바퀴 속도를 0으로 하여 회전축으로 삼고 좌회전해야 합니다. 오른쪽 바퀴 속도를 30으로 하여 회전 속도를 좌회전과 맞추어 줍니다.

순서도에 따라 프로그램을 다음과 같이 작성할 수 있습니다.

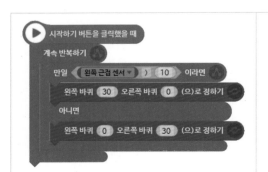

조건이 참일 때, 거짓일 때 2가지 상황을 나누었던 순서도를 '만약 ~라면 아니면' 블록을 사용하여 프로그램으로 나타냅니다.

작성된 프로그램을 실행하여 햄스터가 컵을 따라 회전하는 지 확인해봅시다. 만약, 의도된 대로 작동하지 않는 경우에는 왼쪽 근접 센서값이 10보다 크다는 조건을 제대로 세웠는지 소프트웨어상의 오류를 다시 확인해보도록 합니다.

햄스터가 컵과 가까워졌을 때 우회전하지 않고 직진하도록 프로그램을 수정하면 햄스터가 뒤뚱 뒤뚱하며 컵을 돌지 않고 좀 더 자연스럽게 컵을 따라 돌 수 있습니다. 수정하기 전의 프로그램은 우회전과 좌회전을 반복하며 컵을 돌았지만 수정 후 직진과 좌회전의 동작을 반복하기 때문에 좀 더 자연스러운 움직임을 구현할 수 있습니다.

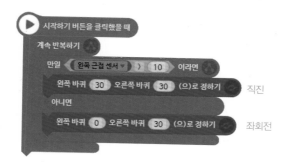

스스로 해보기

다음과 같이 자연스러운 동작을 만들기 위해 어떻게 프로그래밍 해야 할까요?

근접 센서값이 커지면 왼쪽 바퀴의 속도도 커진다는 점을 이용해 블록 수를 좀 더 줄여볼까요?

(오른쪽 바퀴 속도는 30으로 고정하고 왼쪽 바퀴의 속도를 근접 센서값으로 정하여 근접 센서값이 커지는 만큼 왼쪽 바퀴의 속도를 높여줍니다.)

〈예시 프로그램〉

- 햄스터가 S자 주행을 하기 위해서 양쪽 근접 센서가 필요하다는 것을 이해할 수 있다.
- 양쪽 근접 센서를 이용하여 S자 주행 프로그래밍을 할 수 있다.
- 햄스터 로봇의 근접 센서를 활용해 S자 주행하기 프로그램을 만드는 과정 속에서 문제 해결을 위한 프로그램 작성 방법을 이해할 수 있다.

앞의 활동에서 컵 돌기 프로그램을 사용하면 햄스터가 컵뿐만 아니라 일직선의 벽이나 90도로 꺾인 코너도 따라 갈 수 있습니다. 햄스터가 좌측에 있는 물체를 감지하여 일정 거리를 유지하며 움직이기 때문에 물체의 모양에는 영향받지 않기 때문입니다.

그렇다면 햄스터 좌우측 양쪽의 물체를 모두 감지하며 직진하는 프로그램은 어떨까요? 라인 트레이싱 프로그램이 바닥 센서 하나를 사용하는 방법, 2개를 사용하는 방법 2가지가 있듯이 벽을 따라가는 프로그램도 근접 센서 하나를 사용하는 방법, 2개를 사용하는 방법 2가지가 있습니다. 컵 돌기 프로그램을 응용하여 좌우측 양쪽 벽면을 감지하여 벽에 부딪히지 않고 S자 코너를 주행할 수 있는 프로그램을 만들어봅시다.

〈S자 코너 도로〉

〈급커브 도로〉

이번 활동에서는 햄스터 로봇이 S자 코너의 양쪽 벽을 감지할 수 있도록 양쪽 센서 반사판을 장착한 뒤, 컵 따라 가기 프로그램을 응용하여 S자 커브 주행을 구현하는 과정을 알아보도록 하겠습니다.

이 활동을 위해서는 햄스터 로봇과 함께 근접 센서의 감지 범위를 왼쪽, 오른쪽으로 바꾸어 줄 양쪽 센서 반사판이 필요합니다. 그리고 S자 코너 만들기 위해 도화지나 쌓기 나무 또는 젠가를 준비합니다.

(1) 문제를 정의하고 표현해봅시다.

S자 주행을 하는 햄스터 프로그램을 만들기 위해 먼저 컵을 따라 도는 프로그램을 실행시켜 봅니다. 쌓기 나무나 젠가를 쌓거나 도화지를 구부려 S자 코너를 만들어 햄스터가 한쪽 근접 센서를 사용해 S자 코너를 돌 수 있는지 관찰해봅시다. 코너가 급격한 곳에서는 벽에 부딪히는 것을 확인할 수 있습니다. 벽에 부딪히지 않기 위해서 양쪽 근접 센서를 어떻게 사용해야 할지 생각하며 센서값의 변화를 관찰해봅시다.

〈S자 코너 위의 햄스터〉

한쪽 근접 센서를 사용하여 벽을 따라가는 모습을 관찰해보면 햄스터 로봇이 벽에 가까워지면 벽 반대 방향으로 회전한다는 점, 햄스터가 좌우 회전을 반복하여 앞으로 이동한다는 점을 발견할 수 있습니다.

관찰 내용을 바탕으로 햄스터가 S자 코너를 주행하는 데 필요한 요소를 추상화해보면 아래와 같이 정리할 수 있습니다.

[관찰]

- 햄스터 로봇이 벽에 가까워지면 벽 반대 방향으로 회전한다.
- 햄스터 로봇이 벽과 멀어지면 벽 쪽으로 회전한다.
- 햄스터 로봇이 양쪽 벽을 감지해가며 앞으로 이동한다.

→

[추상화]

- 양쪽 근접 센서로 좌우 측 벽을 감지한다.
- 햄스터가 벽과 부딪히지 않게 모터의 속도를 조정한다.

추상화 내용을 바탕으로 본 활동에서 해결하고 싶은 문제를 다음과 같이 분해하여 작은 문제로 나누어 보면 다음과 같습니다.

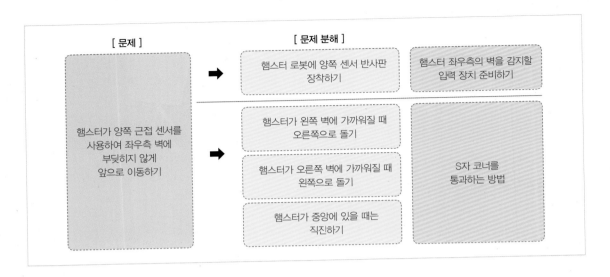

관찰 내용과 분해된 문제를 살펴보면 본 문제 해결에 필요한 핵심 요소는 벽과 햄스터 사이의 거리와 그에 따라 움직이는 방향입니다. 이를 구조화하여 표현하면 다음과 같이 나타낼 수 있습니다.

① 벽과 햄스터 사이의 거리는 '두 벽 모두 멀 때', '왼쪽 벽과 가까울 때' 그리고 '오른쪽 벽과 가까울 때'의 3가지 상황으로 나눌 수 있다.
② 양쪽 벽과 햄스터 사이의 거리가 멀 때는 직진하고 벽과 가까워졌을 때는 그 벽과 반대 방향으로 회전하는 동작을 계속 반복하여 S자 코너를 주행한다.

S자 코너를 주행하는 햄스터를 만들기 위해 꼭 필요한 요소는 좌우측 벽을 감지하는 방법과 햄스터를 벽과 부딪히지 않게 앞으로 이동시키는 방법입니다. 추상화, 분해와 구조화한 내용을 바탕으로 문제를 정의하면 다음과 같습니다.

> **햄스터의 양쪽 근접 센서를 사용하여**
> **좌우측 벽에 부딪히지 않게 S자 코너를 통과한다.**

(2) 문제 해결하기

로봇이 준비되었으면, 이제 앞에서 문제 해결을 위해 구조화한 내용에 따라 햄스터가 양쪽 벽의 한 가운데 위치할 때 근접 센서값을 살펴보아야 합니다. 양쪽 벽과 햄스터 사이의 거리가 멀 때와 가까워졌을 때를 나누는 기준값을 정해야 하기 때문입니다.

S자 코너 양쪽 벽 쪽으로 햄스터를 가까이 놓아보고 근접 센서값의 변화를 살펴봅시다.

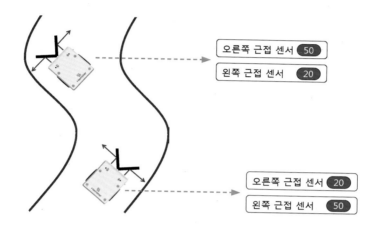

양쪽 벽 사이의 거리에 따라 구체적인 센서값은 달라질 수 있습니다. 여기서 중요한 점은 햄스터가 벽에 가까워졌다는 기준을 정하는 것입니다. 즉 '햄스터가 벽에 가까워졌다.'라는 구체적인 상황을 '양쪽 근접 센서가 얼마보다 크다.'라고 수치화하여 말할 수 있어야 합니다.

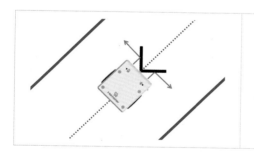

햄스터를 S자 코너 한 가운데에 놓아 양쪽 벽 모두에 가까워지지 않은 상황일 때의 양쪽 근접 센서값을 관찰해봅시다. 왼쪽 근접 센서값과 오른쪽 근접 센서 값이 같을 때가 S자 코너 중앙의 위치입니다.

햄스터가 직진하거나 회전하는 기준이 되는 근접 센서값은 35가 적당합니다. 이 값은 S자 코너의 폭에 따라 달라질 수 있습니다. 양쪽 근접 센서 모두 35보다 작을 때, 즉 햄스터가 양쪽 벽과 가깝지 않을 때는 직진하고 한 쪽 벽과 가까워지면 벽 반대 방향으로 회전해야 합니다.

분석 결과를 바탕으로 S자 코너를 주행하는 햄스터를 만들기 위해 다음과 같은 가설을 설정할 수 있습니다.

위와 같은 가설을 바탕으로 프로그램을 위한 순서도를 설계해봅시다. 본 순서도에서 햄스터의 움직임은 크게 3가지로 나누어집니다.

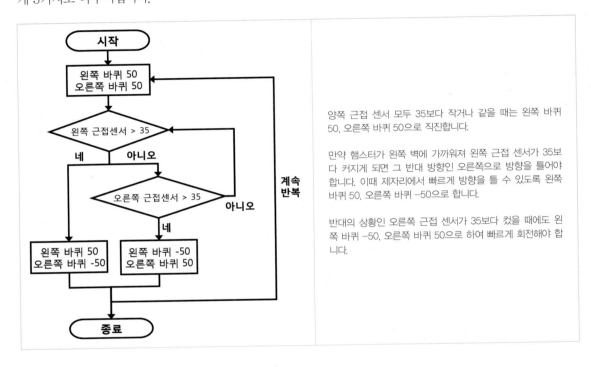

양쪽 근접 센서 모두 35보다 작거나 같을 때는 왼쪽 바퀴 50, 오른쪽 바퀴 50으로 직진합니다.

만약 햄스터가 왼쪽 벽에 가까워져 왼쪽 근접 센서가 35보다 커지게 되면 그 반대 방향인 오른쪽으로 방향을 틀어야 합니다. 이때 제자리에서 빠르게 방향을 틀 수 있도록 왼쪽 바퀴 50, 오른쪽 바퀴 -50으로 합니다.

반대의 상황인 오른쪽 근접 센서가 35보다 컸을 때에도 왼쪽 바퀴 -50, 오른쪽 바퀴 50으로 하여 빠르게 회전해야 합니다.

순서도에 따라 프로그램을 다음과 같이 작성할 수 있습니다.

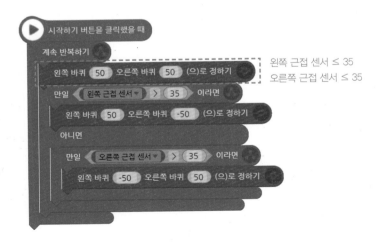

작성된 프로그램을 실행하여 햄스터가 벽에 부딪히지 않고 S자 코너 중앙을 주행하는지 확인해봅시다. 햄스터 로봇을 S자 코너에서 꺼내어 근접 센서에 손을 갖다 대봅시다. 반대쪽으로 회전한 후 다시 직진한다면 설계된 프로그램대로 실행된 것입니다.

만약, 의도된 대로 작동하지 않는 경우에는 판단 블록을 제대로 조립했는지 '바퀴를 ～(으)로 정하기'가 아니라 '바퀴를 ～(으)로 바꾸기' 블록을 사용하지는 않았는지 소프트웨어 상의 오류를 다시 확인해보도록 합니다.

프로그램을 좀 더 개선할 수 있는 방법을 찾아봅시다. 햄스터 로봇이 왼쪽 벽에 가까워지면 왼쪽 근접 센서값이 오른쪽 근접 센서값보다 커지고 반대 상황이 된다면 왼쪽 센서값이 오른쪽 센서값보다 작아지게 됩니다.

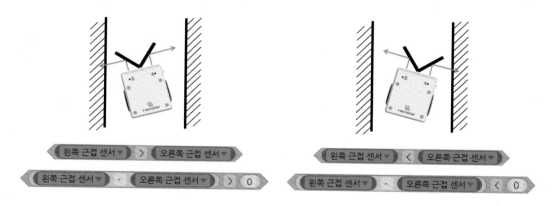

다음은 양쪽 근접 센서값의 관계를 이용한 프로그램입니다.

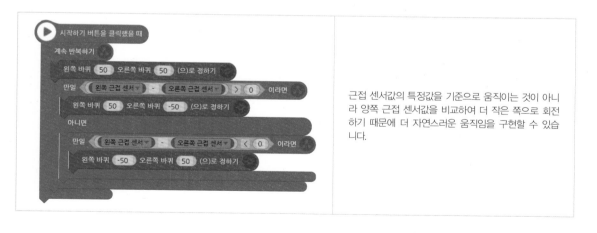

근접 센서값의 특정값을 기준으로 움직이는 것이 아니라 양쪽 근접 센서값을 비교하여 더 작은 쪽으로 회전하기 때문에 더 자연스러운 움직임을 구현할 수 있습니다.

작성된 프로그램을 실행해봅시다. 좀 더 개선할 수 있는 방법은 없는 지 햄스터의 움직임을 살펴봅니다. 벽과 햄스터의 거리에 따라 햄스터가 회전하는 정도를 다르게 한다면 좀 더 자연스럽게 S자 코너를 주행할 수 있습니다. 햄스터가 벽과 닿을 정도로 가깝다면 크게 회전하고 중앙에서 조금 치우친 정도라면 비교적 조금만 회전하면 될 것입니다.

오른쪽 벽에 가까워질수록 '왼쪽 근접 센서 – 오른쪽 근접 센서'값이 커집니다. 왼쪽 벽에 가까워질수록 '왼쪽 근접 센서 – 오른쪽 근접 센서'값은 작아지게 됩니다. 이와 같은 특징을 이용하여 프로그램을 수정해봅시다.

스스로 해보기

다음과 같이 동작을 확장하려면 어떻게 프로그래밍 해야 할까요?

햄스터가 양쪽 벽에 가까워졌을 때 회전하는 폭을 더 크게 하려면 어떻게 해야 할까요?

('왼쪽 근접 센서 – 오른쪽 근접 센서'값에 1.3을 곱해 30% 정도 더 큰 폭으로 회전하게 만듭니다.)

〈예시 프로그램〉

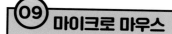

09 마이크로 마우스

- 마이크로 마우스를 구현하기 위해서 왼쪽 센서 반사판이 필요하다는 것을 이해할 수 있다.
- 양쪽 근접 센서를 이용하여 간단한 마이크로 마우스를 만들 수 있다.
- 햄스터 로봇의 근접 센서를 활용해 마이크로 마우스 프로그램을 만드는 과정속에서 문제 해결을 위한 프로그램 작성 방법을 이해할 수 있다.

마이크로 마우스는 주어진 미로에서 출구를 가장 빠른 시간 내에 찾아가는 것을 목적으로 만들어진 로봇입니다. 이때, 전체 미로의 모습을 사전에 알 수 없기 때문에 어떤 미로가 주어지더라도 로봇이 벽에 부딪히지 않고 길을 찾아 가도록 알고리즘을 만들어야 합니다.

이 알고리즘은 사람이 복잡한 미로에서 출구를 찾는 것과 거의 비슷한 방식으로 설계됩니다. 인간의 감각기관에 해당하는 센서로 벽을 감지하고 인간의 발에 해당하는 모터로 바퀴를 굴려 미로를 빠져나갑니다. 햄스터 로봇 역시 물체와의 거리를 측정할 수 있는 근접 센서와 바퀴 형태의 모터를 갖고 있습니다. 이를 잘 사용한다면 간단한 마이크로 마우스를 구현할 수 있습니다.

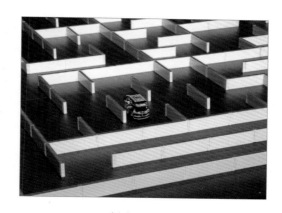

〈마이크로 마우스〉

[출처] http://samidare.jp/nagaifan24/box/
061126mausu01%281%29.JPG

이번 활동에서는 햄스터 로봇이 좌측과 앞쪽의 벽을 감지할 수 있도록 좌측 센서 반사판을 장착한 뒤, 간단한 마이크로 마우스를 구현하는 과정을 알아보도록 하겠습니다. 이 활동을 위해서는 햄스터 로봇과 함께 왼쪽 근접 센서의 감지 범위를 좌측으로 바꾸어 줄 좌측 센서 반사판이 필요합니다. 그리고 햄스터용 미로판으로 미로를 만들어줍니다.

tip 좌쪽 센서 반사판 장착하기

햄스터가 좌측에 있는 벽을 감지할 수 있도록 좌쪽 센서 반사판을 장착해봅시다. 그리고 햄스터용 미로판을 사용해 햄스터가 통과할 미로를 만들어줍니다.

① 레고 블록 커버를 장착합니다.

레고 블록

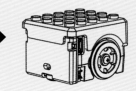

② 좌측 센서 반사판을 레고 블록 커버에 장착합니다.

위에서 누르면 끼울 수 있습니다.   뒤에서 앞으로 밀면 뺄 수 있습니다.

③ 햄스터용 미로판을 사용해 미로를 만듭니다.

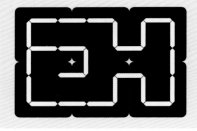

(1) 문제를 정의하고 표현해봅시다.

햄스터 로봇으로 마이크로 마우스를 구현하려면 먼저 미로 모양을 관찰해야 합니다. 햄스터가 다음과 같은 경로로 미로를 통과하기 위해 주어진 미로가 구체적으로 어떤 구간들로 이루어져 있는지 나눠야 합니다.

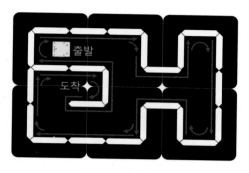

〈미로를 통과하는 햄스터〉

미로의 모양을 관찰해보면 각 코너를 다음과 같이 나눌 수 있습니다.

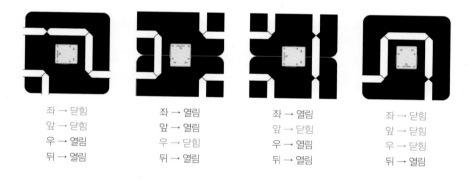

좌 → 닫힘	좌 → 열림	좌 → 열림	좌 → 닫힘
앞 → 닫힘	앞 → 열림	앞 → 닫힘	앞 → 닫힘
우 → 열림	우 → 닫힘	우 → 열림	우 → 닫힘
뒤 → 열림	뒤 → 열림	뒤 → 열림	뒤 → 열림

추상화 내용을 바탕으로 문제를 다음과 같이 분해하여 작은 문제로 나누어 볼 수 있습니다.

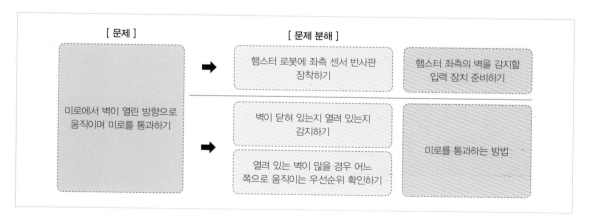

햄스터의 근접 센서는 2개 밖에 없으므로 감지할 수 있는 벽의 방향도 2가지로 제한됩니다. 주어진 미로 탈출 경로를 살펴보면 앞쪽에 벽이 없을 때는 앞으로 직진하고 각 코너에서는 벽이 열려 있는 쪽으로 움직입니다.

이때 열려 있는 벽이 많을 경우 햄스터가 움직이는 방향을 살펴보면 다음과 같은 우선순위가 있음을 발견할 수 있습니다.

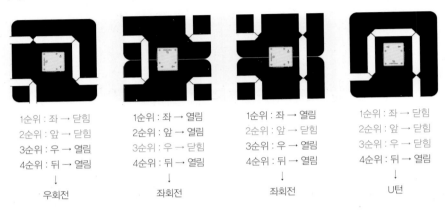

1순위 : 좌 → 닫힘	1순위 : 좌 → 열림	1순위 : 좌 → 열림	1순위 : 좌 → 닫힘
2순위 : 앞 → 닫힘	2순위 : 앞 → 열림	2순위 : 앞 → 닫힘	2순위 : 앞 → 닫힘
3순위 : 우 → 열림	3순위 : 우 → 닫힘	3순위 : 우 → 열림	3순위 : 우 → 닫힘
4순위 : 뒤 → 열림	4순위 : 뒤 → 열림	4순위 : 뒤 → 열림	4순위 : 뒤 → 열림
↓	↓	↓	↓
우회전	좌회전	좌회전	U턴

이와 같이 왼쪽 벽에 우선순위를 1순위로 두고 좌측 벽을 따라가는 미로 탈출 방법을 좌수법이라고 합니다. 좌수법을 사용하여 미로를 탈출하기 위해서는 왼쪽 근접 센서로 왼쪽 벽을 따라가는 프로그램을 만들어야 합니다.

이때 왼쪽 근접 센서는 왼쪽 벽만을 감지하기 때문에 앞쪽에 벽을 만나면 이를 감지하지 못해 벽에 부딪히게 됩니다. 즉 왼쪽 근접 센서로는 왼쪽 벽을 감지하며 오른쪽 근접 센서로는 앞에 벽이 있는지 없는지 판단해야 합니다. 햄스터가 2개의 근접 센서로 벽을 감지할 수 있는 방향은 왼쪽과 앞쪽이기 때문에 이를 기준으로 미로 구조를 다시 파악해야 합니다.

앞쪽에 벽이 없을 때	❷ ❸
앞쪽에 벽이 있을 때	❶ ❹ ❺ ❻ ❼ ❽ ❾

주어진 미로는 위와 같이 2가지 상황으로 나눌 수 있습니다. 각 상황에 따른 햄스터의 움직임을 구조화해 봅시다.

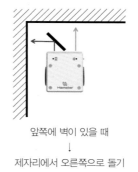

<table>
<tr><td>앞쪽에 벽이 없을 때</td><td>앞쪽에 벽이 있을 때</td></tr>
<tr><td>↓</td><td>↓</td></tr>
<tr><td>왼쪽 벽을 따라 주행하기</td><td>제자리에서 오른쪽으로 돌기</td></tr>
</table>

① 햄스터가 미로를 통과할 때 구체적인 상황은 크게 '앞쪽에 벽이 없을 때'와 '앞쪽에 벽이 있을 때'의 2가지로 나눌 수 있다.

② 앞쪽에 벽이 없을 때는 왼쪽 벽을 따라 주행하다가 앞쪽에 벽이 있으면 제자리에서 오른쪽으로 회전해 벽을 피한다.

지금까지 햄스터가 미로에서 방향을 전환해야 하는 부분을 4가지로 추상화하고 이를 이용해 햄스터의 움직임을 2가지로 구조화하였습니다. 이를 바탕으로 앞으로 해결해야 할 문제를 다음과 같이 정의할 수 있습니다.

> **미로에서 벽이 열린 방향으로 움직이며 미로를 통과한다.**

 좌수법과 우수법

미로를 탈출하는 알고리즘은 햄스터가 어느 쪽 벽을 우선순위에 두고 움직이느냐에 따라 크게 좌수법과 우수법으로 나눕니다.

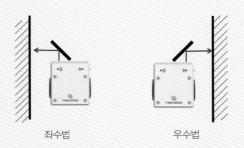

<table>
<tr><td>좌수법</td><td>우수법</td></tr>
</table>

두 방법 모두 한쪽 벽을 계속 따라 가는 방법입니다. 좌수법(左手法)은 말 그대로 왼쪽 손을 벽에 붙이고 계속 걷는 것처럼 좌측 센서 반사판이 장착된 왼쪽 근접 센서로 벽을 따라 가며 미로를 찾는 것입니다. 반대로 우수법(右手法)은 오른쪽 손을 벽에 붙이고 계속 걷는 것처럼 우측 센서 반사판이 장착된 오른쪽 근접 센서로 벽을 따라 가며 미로를 찾는 방법입니다. 좌수법과 우수법을 사용할 때 벽을 따라가는 근접 센서는 측면만을 감지할 수 있기 때문에 햄스터 앞의 벽은 반대쪽 근접 센서로 감지해야 합니다.

(2) 문제 해결하기

로봇이 준비되었으면, 이제 앞에서 문제 해결을 위해 구조화한 내용에 따라 햄스터가 미로를 통과하기 위해 구체적으로 어떻게 움직여야 할지 생각해봅시다.

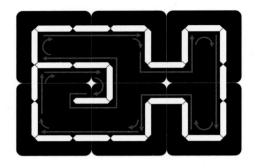

위와 같은 경로로 햄스터가 벽에 부딪히지 않고 움직이기 위해서는 다음 2가지 데이터 분석 과정을 거쳐야 합니다.

① 왼쪽에 벽을 따라 갈 때 왼쪽 벽과 햄스터 사이의 거리를 정한다.
② 앞쪽에 벽이 있을 때 벽과 어느 정도 가까워졌을 때 회전할 것인지 정한다.

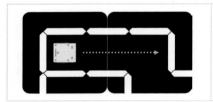

컵 따라 돌기 프로그램을 응용하여 햄스터가 왼쪽 벽을 따라 직진하게 만들어 봅시다. 왼쪽 근접 센서 35를 기준으로 왼쪽 벽을 탈 때 양쪽 벽 중앙으로 움직이는 것을 확인할 수 있습니다.

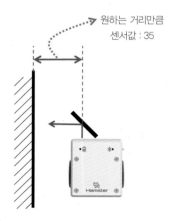

원하는 거리만큼
센서값 : 35

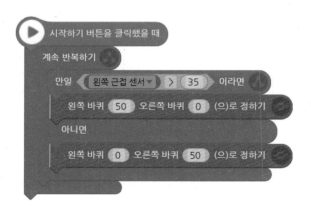

햄스터가 왼쪽 벽을 따라가는 동작을 더 자연스럽게 만들려면 다음과 같이 회전하는 정도를 각각 다르게 만들어야 합니다.

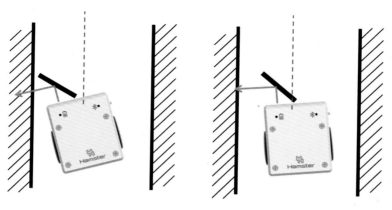

〈오른쪽으로 많이 움직여야 할 때〉　　　　　　　〈오른쪽으로 조금 움직여야 할 때〉

위와 같이 오른쪽으로 회전하는 정도를 경우에 따라 다르게 만들기 위해서는 왼쪽 벽에 가까워 졌을 때는 '왼쪽 근접 센서 – 35'가 0보다 크고 왼쪽 벽에서 멀어졌을 때는 0보다 작아진다는 점을 이용해야 합니다.

왼쪽 벽에 가까워 졌을 때	왼쪽 벽에서 멀어졌을 때
↓	↓
왼쪽 근접 센서 〉 35	왼쪽 근접 센서 〈 35
↓	↓
왼쪽 근접 센서 – 35 〉 0	왼쪽 근접 센서 – 35 〈 0

양쪽 바퀴의 속도 기준을 50에 두고 프로그램을 다음과 같이 수정할 수 있습니다.

예를 들어 왼쪽 근접 센서값이 40이라면 왼쪽 바퀴의 속도는 55가 되고 오른쪽 바퀴의 속도는 45가 되어 햄스터는 오른쪽으로 회전하게 됩니다. 이렇게 근접 센서값의 크기에 따라 햄스터가 회전하는 정도에 변화를 줄 수 있습니다.

근접 센서값의 변화에 따른 햄스터 움직임을 좀 더 자세히 살펴보겠습니다.

근접 센서값	25	30	35	40	45
왼쪽 바퀴	40	45	50	55	60
오른쪽 바퀴	60	55	50	45	40
바퀴 속도차	20	10	0	10	20
움직임	좌회전	좌회전	직진	우회전	우회전

근접 센서값에 따라 햄스터의 회전 방향 뿐만 아니라 회전하는 정도까지 변화를 줄 수 있는 것을 확인할 수 있습니다. 그렇다면 근접 센서값에 따라 햄스터가 좀 더 정밀하게 움직이게 할 수 있는 방법은 없을까요? 예를 들어 근접 센서값이 35에서 45로 커졌을 때 왼쪽 바퀴와 오른쪽 바퀴의 속도 차이는 20만큼이나 차이가 납니다. 양쪽 바퀴의 속도 차이를 좀 더 줄여봅시다.

[왼쪽 근접 센서▼] - [35] 값에 1보다 작은 0.8만큼 곱해준다면 햄스터 양쪽 바퀴의 속도 차이를 줄일 수 있습니다. 수정된 프로그램에 따라 다시 입력과 출력 데이터 사이의 관계를 정리해보겠습니다.

근접 센서값	25	30	35	40	45
왼쪽 바퀴	38	44	50	54	58
오른쪽 바퀴	58	54	50	44	38
바퀴 속도차	16	8	0	8	16
움직임	좌회전	좌회전	직진	우회전	우회전

[왼쪽 근접 센서▼] - [35] 값에 곱해지는 수가 1보다 작다면 양쪽 바퀴의 속도 차이가 더 작아지고 1보다 크다면 차이가 더 커지게 됩니다. 0.8보다 더 작은 값을 곱한다면 양쪽 바퀴의 속도 차이가 이보다 더 작아지게 됩니다.

이번엔 햄스터가 왼쪽 벽을 따라가다가 앞쪽에 벽이 있을 때 벽과 어느 정도 가까워졌을 때 회전할 것인지 정해보겠습니다.

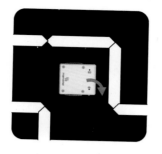 

햄스터가 앞쪽에 벽이 있을 때 90도 회전하거나 180도 회전해야 합니다. 이렇게 회전하는 정도가 다르기 때문에 다음과 같은 프로그램을 만들어야 합니다.

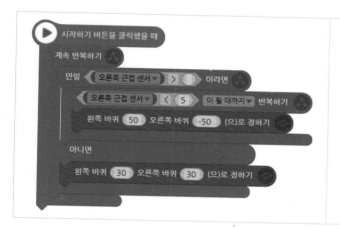

이 프로그램은 오른쪽 근접 센서값이 5보다 작아질 때, 즉 앞쪽에 벽이 없을 때까지 오른쪽으로 회전하는 프로그램입니다.

빈 칸에 적당한 값을 넣어 오른쪽 근접 센서가 얼마보다 컸을 때 회전해야 벽에 부딪히지 않는지 데이터 분석을 해야 합니다.

햄스터가 벽에 적당히 가까워지기 전에 미리 돌아버리거나 앞쪽 벽에 지나치게 가까워진 상태에서 돌면 벽에 부딪히게 됩니다. 오른쪽 근접 센서값 기준을 약 47로 정할 때 벽에 부딪히지 않고 안전하게 회전할 수 있습니다. 분석 결과를 바탕으로 간단한 마이크로 마우스 프로그램을 만들기 위해 다음과 같은 가설을 설정할 수 있습니다.

가설 설정	왼쪽 벽을 따라가다가 앞쪽에 벽이 있으면 우회전을 하며 벽을 피해간다면 미로를 탈출할 수 있을 것이다.

위와 같은 가설을 바탕으로 순서도를 설계해봅시다.

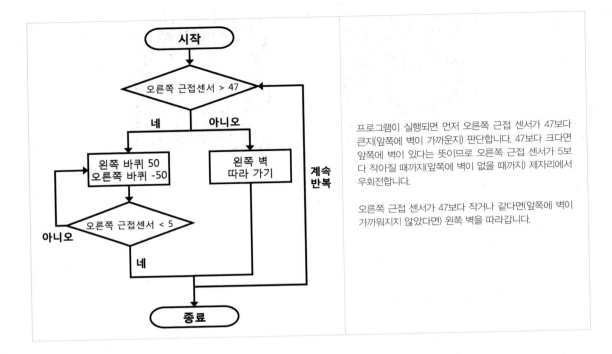

프로그램이 실행되면 먼저 오른쪽 근접 센서가 47보다 큰지(앞쪽에 벽이 가까운지) 판단합니다. 47보다 크다면 앞쪽에 벽이 있다는 뜻이므로 오른쪽 근접 센서가 5보다 작아질 때까지(앞쪽에 벽이 없을 때까지) 제자리에서 우회전합니다.

오른쪽 근접 센서가 47보다 작거나 같다면(앞쪽에 벽이 가까워지지 않았다면) 왼쪽 벽을 따라갑니다.

순서도에 따라 프로그램을 다음과 같이 작성할 수 있습니다.

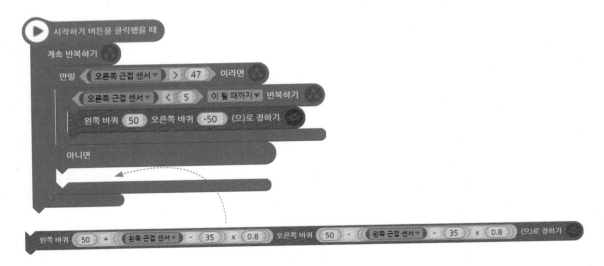

작성된 프로그램을 실행하여 햄스터가 벽에 부딪히지 않고 미로를 잘 통과하는 지 확인해봅시다.

햄스터 로봇을 미로에서 꺼내어 왼쪽 근접 센서에 장착된 센서 반사판에 손을 갖다 대보고 손을 따라 직진하는지 살펴봅시다. 오른쪽 근접 센서에 손을 갖다 대면 햄스터가 어떻게 움직입니까? 오른쪽 손을 피해 제자리에서 오른쪽으로 회전하는 것을 확인할 수 있습니다. 만약, 의도된 대로 작동하지 않는 경우에는 판단 블록이나 바퀴의 속도값을 정하는 블록 등 소프트웨어 상의 오류를 다시 확인해봅니다.

MEMO

MEMO

엔트리로 시작하는
로봇 활용 SW 교육
햄스터

1판 1쇄 발행   2018년 8월 30일

저　자 | 김황, 한승륜, 이상경
발행인 | 김길수
발행처 | 영진닷컴
주　소 | (우)08505 서울시 금천구 가산디지털2로 123
　　　　월드메르디앙 벤처센터 2차 10층 1016호
등　록 | 2007. 4. 27. 제16-4189호

ISBN | 978-89-314-5939-5

http://www.youngjin.com

YoungJin.com **Y.**
영진닷컴